關於**律師文書**

——新進律師寫作入門

吳至格　著

三民書局
財團法人理律文教基金會
LEE AND LI FOUNDATION

從我們的名字加上「律師」二字開始

除了我們的夢想

還有我們的承諾

理律法律叢書序

　　1999 年夏，理律法律事務所捐助成立財團法人理律文教基金會。理律法律事務所長期致力於社會與文教公益事務，成立基金會，是為了更有系統、有效率，也更專注、持續地將理律的資源運用到公益服務上，這是理律善盡企業社會責任的具體實踐。

　　理律法律事務所創立於 1960 年間，在數十年提供專業服務的過程中，深感提倡法治觀念於社會的重要性。法治觀念若未根植，不僅守法精神難以落實，立法闕漏、乃至執法失當，也在所難免。凡此種種，對從事法律工作者而言，不僅增加了業務負擔，也戕傷了法律的理想與尊嚴；就社會而言，法律制度非但未能定紛止爭，甚且成為公義的障礙，毋寧是極大的諷刺。

　　有鑑於此，本基金會乃以提倡及宣導法治為宗旨，舉辦或贊助法治議題之座談、研討與學術論文，並出版相關之叢書或刊物；在贊助法律人才之養成方面，除了設置獎助學金，贊助法律學生之學習與競賽活動以外，每年並舉辦兩岸「理律盃」校際法律學生模擬法庭辯論賽，結合學生課堂上與實務上的學習，多方面協助推廣法治教育，期能有助於培養法律人才的寬廣視野與專業能力。

　　在學術界與實務界廣泛投注心力下，法學論著及刊物可謂汗牛充棟，惟社會的演進瞬息萬變，法律議題的新興領域有如雨後春筍，實務變化與特殊案例亦與時俱增，徒生難免有應對維艱梗概之歎，胥賴學術界與實務界本諸學理或經驗攜手共進，分享知識泉源。

　　基於此一認識，本基金會忖將理律法律事務所同仁提供法律服務歸納的心得，加上在法律學院所擔任教席、講授法律課程累積的材料，以及參與法律政策的研究分析，佐以相關法律之最新理論與國際立法趨勢，集腋成裘。此外，理律舉辦或贊助專題研討會的成果，由與會賢達共同編纂之書冊（例如前曾與政治大學傳播學院定期共同舉辦「傳播與法律」系列研討會，出版一系列傳播

法律知識之書籍，先後約有 10 年），亦循適當規劃列入「理律法律叢書」。

　　理律法律叢書將理律在實務上累積的知識資源提供予有意修習相關課題的讀者參考，並藉此拋磚引玉，邀請法律界先進賜教。深盼假以時日，本基金會的努力對於法治的提昇有所助益。

財團法人理律文教基金會　謹識

2012 年 6 月

推薦序

　　刑事訴訟，也許是最悠久古老的法律領域；直到今天，刑事訴訟都還像是使得人們對於法律產生畏懼感的一隻恐龍。刑事訴訟報復的色彩過重而保障公平正義的機制不足，應是主因之一。自一九九九年司法改革會議之後，刑事訴訟制度開始朝當事人進行主義與對審制度移動，歷經十餘次修法，已然呈現出迥異於以往的面貌與專業要求，也漸漸認識並檢討其中報復的遺跡，開始重視保障權利正義的功能。雖然法學界對於未來如何發展的方向辯論極大極多，但是不能滿意於訴訟環境的現狀，同時確認走回頭路也不是個辦法，應該已是沒有共識中的主要共識。刑事訴訟的改革，同時也帶動了民事訴訟的改革。如果刑事訴訟朝向對審制度移動，尚且不可逆轉，基於法官原該被動聽訟的道理，民事訴訟自然更有理由往當事人進行主義發展，可是民事訴訟至今不能普遍實現集中審理，即屬必須再進一步從事檢討改革的現象證明。

　　本書的作者，吳至格律師，是理律法律事務所年富力強，好學敏求，反應靈活，而在訴訟法實務界中出類拔萃，引領風騷，最為活躍的合夥人之一。當年與他共事未久，我即知此君絕非池中之物。他可謂是臺灣本土法學與實務環境嚴格教育養成的優秀新世代代表，也是理律同仁視為堪寄大任而可領袖群倫，獨當一面的少壯中堅人物。他執行律師職務，經過了十五年的歷練，正是處在臺灣訴訟法制進行改革大幅變動的年代，也就提供了至格成長與成就專業人格的背景條件。本所辦理的訴訟案件，包括民事、刑事與公法訴訟案件，有其共通性，就是案情跨越的時間維度深長，所牽涉價值衝突與權利正義保障的面向至廣，總是需要在龐雜的卷證資料中抽絲剝繭，而且必須藉重團隊的力量才能有效進行代理或辯護工作。至格則是從初期每每在團隊中作為不可或缺的堅實支柱而引起注意，終於成為組織與指揮團隊的靈魂人物，在高度艱難複雜的民商訴訟與仲裁案件中，長期鍛煉出成熟而高超的專業身手；本所近年以來辦理

的重要刑事案件無數，由於他幾乎是無役不與，對於刑事訴訟如何才能有效保護權利正義，尤其深具心得。

最為難得的是，至格基於高度的社會理想與研究熱忱，長期致力於法律專業寫作，他經常發表長短不一的散文式文章，不論是在部落格、臉書或是在法律專業刊物上，平易清新，總能見微知著而具有高度可讀性。這本書則不是散文，而是至格將多年來從事訴訟實務的珍貴專業心得，寫成專門著作。其選題選材，市面上似乎並不多見；能夠維持一貫平實近人而又清新可人的風格，則是令人激賞。這本書對律師界而言，稱得上老少咸宜。資深的前輩可以藉以印證發生大幅變化的訴訟制度，提高了那些專業實務要求；後起之秀們，則不妨將此書當作是避免誤走冤枉途徑的引路指南。在企業裡負責處理法務工作的專業人員，更可從而了解訴訟案件中應該躲開什麼樣的實務陷阱，甚至引為選擇並指示律師為企業處理案件的重要參考。對於不是習法的讀者，從書中也可以從律師的日常工作面臨著什麼樣的挑戰，了解司法訴訟的真實現象。

這本書是理律文教基金會叢書中的重要出版。基金會是公益法人，至格獻身法律實務工作，品嘗也體會專業甘苦，累積了心得，卻毫無藏私之心，自然也是一種公益的情操。訟期無訟，可能還是過於高遠的理想，但是前人從事有系統地著述，指點後人減少跌跤的機會，當是促成訟期無訟的實際門徑。我乃樂於向各界關心法治的朋友們推薦這本好書，希望讀者能從書中瞭解更多的司法實務現狀，破除或減輕因將法律程序視為恐龍而生的畏懼感。是為序。

於理律
2012 年夏

推薦序

　　在數十年的教學生涯中，為了不與實務脫節，本人亦常擔任仲裁人，看過無數仲裁書狀，在仲裁程序中，亦可看到本案相關的契約、備忘錄、律師函……等，深知寫作能力對於一個執業律師的重要性。多年來，本人與學生談及律師的工作與生活時，年輕的律師不免抱怨大部分時間都花在寫作，資深律師則會感慨年輕律師的寫作能力，更體會到不少律師是在工作中自行領略、摸索。

　　美國的法律教育一向重視實務操作，關於 legal writing 的課程、書籍眾多，期末考試常常要求學生撰寫法律備忘錄或上訴摘要。然而，受限於時間，目前大學法律教育，僅能著重於學習如何正確地適用法律，國內關於法律寫作的課程、書籍均甚為有限，課程內容只能介紹司法書類，無法充分訓練寫作技巧，亦欠缺關於司法書類或律師文書的參考資料。

　　每個國家的法律教育、司法體制均不相同，國外關於 legal writing 的著作，並不能適用於我國，為了提升我國司法、律師品質，我國自應儘早重視、介紹及訓練實務寫作技巧。

　　本人接觸不少理律法律事務所的律師與案件，對於理律的敬業、品質，印象非常深刻。至格從大學起即隨本人研習民法並擔任本人助理，協助彙整資料及繕打講義，而不論考上律師、進理律工作、戀愛、結婚，至格也都會與本人分享他的喜悅與成長，至今已逾二十年，其間聯絡不斷，教學相長。本書的內容，是至格將其多年來在理律所學的心得彙集成書，無私分享後進，相信對國內法律文書品質的提升，必定有所助益，本人亦驕傲有至格這位學生，更樂為之序。

邱誠二

2012 年 6 月

二版序

　　這本書在 2002 年動筆，2012 年出版，一下子又一個十年，也是應該要改版了。

　　除了文字及法令的調整，從臺北律師公會會刊《在野法潮》第 12 期開始，開始了小律師專欄，陸陸續續寫些關於小律師工作、生活的建議，同時也上傳至 Facebook 網誌，三個月一篇，壓力不大，竟然寫了快三十篇。

　　本書是關於新進律師寫作入門，和小律師專欄的散文隨筆一樣，內容雖不相同，但出發點都是把學長姐教我的、我想到的，傳遞給學弟妹們，希望能提供一些幫助。趁本次改版，收錄其中幾篇，供新進律師參考。

　　謝謝大家的支持，每次聽到這本書提供了些許幫助，除了高興，也會慶幸當年有膽量去紐約，有膽量動筆，也有膽量出版。

　　謝謝當律師以後的所有，更謝謝所有人。

吳至格

2023 年 7 月

謝 詞

　　2002 年到 2003 年間，在紐約陪讀了一年，為了增加留職停薪正當性，想到國內並無關於 legal writing 的著作，於是動筆寫下這些文稿。

　　原本打算寫得差不多後，再找些美國 legal writing 的著作補充完成，結果當然可以想見，回國後根本沒任何進度。

　　當時執業也才數年，雖然找了些資料，花了些時間，十年前文稿仍難以卒讀，但既然繼續混下去也不是辦法，就整理發表吧！縱然執業年資尚淺，以學長的身分分享心得，應該對學弟、妹們多少有些幫助吧？於是在陳長文律師、理律文教基金會李永芬執行長的鼓勵與支持下，經由陳毓芬律師、胡文馨小姐的細心校對，這些文稿方能得見天日，早日付梓。

　　這些寫作的心得，是來自李家慶律師、周麗珠資深顧問的耐心叮嚀；來自李念祖律師、宋耀明律師及我的指導律師蔡東賢律師的費心提點，及其他眾多理律學長、姊的細心修改、言辯說理，謝謝他們的心血與無私。

　　除了感謝我的母親及家人的支持外，更要感謝同時也是摯友的老婆，在理律最大的收穫，就是與宜君相識相知，相戀相守，執手偕老。

2012 年 6 月

關於**律師文書**
——新進律師寫作入門

前　言

在律師生涯中，撰擬文書占去相當大比例的時間。

雖然我國訴訟採取言詞審理主義，但不可諱言的，書狀仍扮演非常重要的角色，在律師的日常業務當中，亦需製作契約、法律意見書、律師信等文書，和司法官相同，律師生涯和文書是脫不了關係的。

目前各大學法律系，多設有司法書狀撰擬的課程，而司法官訓練及律師職前訓練當中，亦請實務界的前輩詳細講授，然而，或許受限於時間，內容多限於法院書狀部分，甚至限於訴之聲明，且除了書狀範本外，關於司法文書的製作，鮮有專門參考著作，致新進律師縱未視為畏途，亦需花費相當時間摸索。

為了讓新進律師儘快掌握要領，本書將就律師文書的特性及基本架構（三段論法）予以說明，再由三段論法的架構，以書狀為例，分別說明律師文書的基本原則（勾勒思考、言必有據、簡要慎重等）。希望讓新進律師能將寶貴時間致力於法律問題的研析，而非文字或句型的修飾。

因筆者的非訟業務有限，本書的目的及討論的範圍，偏重在於與訴訟相關之文書，不擬就契約文字為討論。且契約的用語、結構，不僅涉及到複雜的目的及關係，必要時，契約的文字與架構，甚至與書狀及信函相衝突，故本書所討論的內容除特別註明外，原則上並不包括契約。

本書所有的原則，都有例外，也就是因為有例外，法學才會令人著迷，法律人在原則與例外間尋求法律的周全，以求人權的保障。

1 律師文書

一. 律師文書的特性

　　律師生涯和文書是脫不了關係的，律師在當事人初次面談時，必須筆記要點；指導律師或資深律師可能要求準備內部備忘錄[1]；當事人（尤其當事人為公司或行政機關）如係詢問法律問題，此時必須撰擬法律意見書，分析法律規定及提供建議；當事人如有訟爭，不僅在訴訟程序前要分析實益、策略及勝敗，有時另須代為催告、警告或終止的意思表示，訴訟程序進行中，更有一連串的書狀，其間尚可能須撰擬開庭報告、查帳信等，上述這些與律師執行律師業務直接或間接相關的文書，都可以概稱為律師文書。

　　提及律師文書，通常第一印象即是艱澀、專業的用語及詞句，其中原因及如何改進，涉及教育、習慣等諸多問題，固非本書所欲討論的重點。然而，觀察律師文書的特性，並找出造成此等特性的最主要的原因，是有助於撰擬得體合宜的律師文書。

---

[1] 實務上指導律師或資深律師可能要求口頭報告，或直接準備法律意見書或書狀，內部備忘錄，在實務上可說並不多見，內部備忘錄的格式及內容，每個事務所（甚至每個律師）亦有不同。

律師文書與一般文書最主要的差別，在於其特殊的「文風[2]」及「體例」。此等特殊的文風及體例，或歸因於諸多因素，例如教育、習慣等，但最主要、最直接的原因，在於律師文書有其特殊的「讀者」及「目的（用途）」。

律師文書的讀者，決定或影響律師文書的文風；律師文書的目的（用途），決定或影響律師文書的體例。

二. 律師文書的讀者

律師文書的讀者，決定或影響律師文書的文風。

就一般文書而言，可以發現讀者及作者是相互影響的。然而，律師文書的讀者，其地位與律師（作者）並不相當（例如法官、當事人）；或與律師對立（例如對造、對造律師）。

故就律師文書言，是讀者決定或影響作者（或文書的形式內容）；如用好聽一點的說法，可以說：律師為達到撰擬文書的目的，其形式內容，只好遷就律師文書的讀者，至於實質內容，仍是律師影響律師文書的讀者。

㈠確定法律文書讀者特性的實益

律師文書的讀者，並非一般社會大眾，其範圍十分有限，且可特定。其中不外法官、檢察官、仲裁人、調解委員、訴願委員、對造律師、對造、客戶、行政機關、指導律師、資深律師等。如果當事人為法人，除經營管

---

[2] 使用語言文字的風格、趨勢。宋，韓琦，宋故文忠歐陽公墓誌銘并序：「景祐初，公與尹師魯專以古文相尚，而公得之自然，非學所至，超然獨騖，眾莫能及，……，於是文風一變，時人競為模範。」

理階層外，亦包括法務主管或承辦人員。如當事人為行政機關，讀者則包括承辦人員、主管、首長等，惟其範圍常常較為廣泛且不確定。

法律文書的讀者，雖然並非不特定人，但律師撰擬文書時，常常尚不知悉其讀者及其個性為何（例如撰擬起訴狀時），或僅知讀者姓名（例如撰擬答辯狀時），即便該案的法官或律師，在其他案件曾經遇過，或為前後期同學，亦不能完全確定該文書是否合宜得體，為讀者所接受，從而，律師必須明瞭其讀者的特性，如不確定其讀者的特性時，必須「假設」其讀者具有一般法律文書讀者的共同特性。

㈡法律文書讀者的共同特性

所謂法律文書讀者的特性，是指讀者的性格與特徵。

如果要描述這些特定讀者的共同特性，可以發現上述的特定讀者，具有下列三個共同特性：

1 專 業

律師文書的讀者，大部分都具有法律的專業，熟悉法令、實務及法律用語，亦常較律師資深或專精。故律師文書中，若充斥粗淺的說明、無關的事實、情緒的發洩、法學以外的解釋或論證，除可能導致讀者不耐（認為浪費讀者時間）、不快（認為否定讀者的專業）、輕視（認為律師欠缺經驗）外，亦可能造成讀者低估內容，致忽略重點。

從而，律師文書必須直接切入重點及主題，依法律專業為解釋或論證，使用法律用語，刪除粗淺、無關、情緒的用語。

2 忙　碌

法院事務的繁重，應該是無庸贅述的[3]，律師則是最不自由的自由業，白天開庭、晚上寫狀的律師大有人在。「忙碌」幾乎是司法從業人員的共同特徵。另外，法官、律師以外，有時當事人可能比律師更忙碌、更難聯絡[4]。

從而，律師文書應簡潔清楚，要達到（或希望達到）以最簡短的文字與篇幅，表達最完整的主張的目標。律師不能期待（或勉強）忙碌的法律文書讀者字斟句酌、推敲再三[5]，亦不能期待讀者會代為補全論理的欠缺、主張的疏漏。至於校對或檢索資料，自然更不能期待。

也可以說，律師在撰擬（或修正）律師文書時，應「假設」讀者僅可能「瀏覽」「一次」法律文書；即使再如何重大的案件，亦應為相同的假設[6]。

3 懷　疑

有很多的律師笑話，是關於律師所有的話都不可信。

律師文書的讀者懷疑律師文書的原因，當然不僅是該文書是律師寫的，或是律師文書的讀者都是具有敵意的讀者。事實上，律師文書的讀者，或因其專業背景（由客觀的證據，判斷事實的真偽），或因其切身利害（法律

---

[3] 關於各級法院法官平均每月辦結案件件數等資料，可查詢司法院網站「司法統計」。

[4] 當事人為公司或行政機關時，除經營管理階層外，可能尚須聯絡相關承辦人員。

[5] 對律師文書言，仔細推敲、字斟句酌的讀者，並不見得就是好讀者，例如對造、對造律師。

[6] 對於重大案件，當事人或指導律師、資深律師「主觀上」固然願意較為關心與注意，但忙碌的現實，常常「客觀上」無法允許他們為特別的關心與注意。

文書的內容，攸關當事人權益或案件成敗），對於律師文書，自然傾向採取懷疑而不輕信的立場。而且，即便委任律師的當事人，亦非對律師均言聽計從、深信不疑。

從而，面對懷疑的讀者，律師文書必須言而有據（證據及依據），切勿低估或輕視其讀者（尤其當事人），或心存僥倖，否則，一旦被發現敷衍矇混，對於案件成敗及個人聲譽都有影響。

正因為律師文書的讀者具有專業、忙碌及懷疑的共同特性，律師在撰擬文書時，勢必應加以考慮及配合，甚至可以說律師文書的讀者，限制律師文書的風格及趨勢，在當事人權益與表現個人寫作技巧及風格之間，律師當然應優先考量當事人的權益[7]，審慎面對其讀者。

從而，華而不實的詞彙、千迴百轉的論理、冗長無關的敘述、灸人刺骨的文字、憑空杜撰的事實，對於專業、忙碌及懷疑的讀者，通常是徒勞無功，有時甚至得到反效果。

固然，律師文書的讀者並非都具有法律專業，也有清閒的，也有完全信賴律師的。然而，如前所述，由於律師在撰擬文書時，常常尚不知悉其讀者及其個性為何，故律師必須「假設」其讀者具有專業、忙碌或懷疑等共同特性。例如，律師在撰擬起訴狀時，並無從知悉承審法官、對造律師之姓名，遑論其性格、習性、見解或看法，故此時律師僅能「假設」承審法官及對造律師具有上述共同特性。

(三)獨特的性格、習性、見解或看法

即使可以確定讀者（例如在第一次開庭後），除非有重大、明顯的反

---

[7] 之所以稱「優先考量」，係因律師文書仍需要相當的寫作技巧，個人寫作風格亦甚難改變，惟相較於當事人權益，自應以當事人之權益為優先。

證，仍不宜任意推翻前述共同特性的假設。

每個人都有自己獨特的性格及習性，例如保守、急進、積極、謹慎等，專業的讀者，在其專業上亦常有獨特的見解與看法，例如傾向特定學說、採取嚴格證據法則等等。倘若律師發現其讀者具有明顯且獨特的性格、習性、見解或看法時，自應適當調整。相同的文書，在不同的讀者時，即可能有不同的表達方式。

好聽的說法，可以說因時、因地制宜，但事實上就是要「見人說人話，見鬼說鬼話」。

再強調一次，除非有重大、明顯的理由，最好還是假設讀者具有專業、忙碌或懷疑等共同特性。

須注意者，所謂重大、明顯的理由，與讀者其個人個性及日常生活的表現無關。從而，不要天真地以為指導律師平日諄諄善誘、隨和親切，即可以搪塞法律意見（尤其開庭在即、兵荒馬亂的時候）；不要以為法官態度和善，即可以任為空言（法官為同窗好友亦然）；不要以為當事人無法律背景、與當事人間合作關係長久，即可以信口開河。

㈣決定讀者的優先順序

當然，法律文書並非僅有單一的讀者，通常法律文書均有多數的讀者，從而，律師在撰擬文書時，不僅要明確知悉其可能讀者，有多數的讀者時，更應決定其間的優先順序。

以法院書狀為例，其讀者除法官外，另包括對造律師、對造、當事人等，由於法官有決定裁判的權限，故即使當事人抱怨書狀用語過於艱澀難懂，仍應以法官為最優先的讀者。但法官並非都是最優先的讀者，亦有例外的情形，例如以書狀請求（或暗示）和解時。

讀者如包括法官等有裁判權限的人時，決定讀者的優先順序通常並不困難。比較應注意的是，讀者僅有相對人及其律師[8]時，究竟應以「相對人」或「相對人律師」為優先讀者？則必須視文書的類別及內容決定，另須考量其他因素。例如警告信函，因係以請求相對人為一定的作為或不作為，自可以相對人為優先讀者；至於終止契約函，為避免日後有所爭議，即使法律或契約文字甚為艱澀，於信函中亦應引據法律或契約條文，而以相對人律師為優先讀者，故究竟應以相對人或其律師為優先讀者，不可一概而論。

對造律師是最認真的讀者，但法官才是最優先的讀者（與聽眾），律師最應該花時間的，是思考及處理法官的想法與態度，而不是與對造律師或檢察官吵吵鬧鬧。

訴訟上，「法官」才是律師的對手，不是對造律師或檢察官。如果書狀上都在反駁對造，開庭時只想修理對造，最後收到意外的判決，其實不意外。

三. 律師文書的目的（用途）

律師文書的目的（用途），決定或影響律師文書的體例；不同的目的（用途），即有不同的格式、不同的組織及架構。

實務上，可以發現各類型的律師文書，都有一定的體例，並非律師因循守舊、不思創新，而是律師文書並非小說或文學創作，律師文書受到其目的（用途）的限制，不太能容許過於特別的格式、組織或架構。

8　依律師倫理規範第 45 條規定：「律師於處理受任事件時，知悉相對人或關係人已委任律師者，不應未經該受任律師之同意而直接與該他人討論案情」，亦即知悉相對人委任律師後，文書的受文者應為相對人律師（或同時包括相對人）。

　　不同的文書類型，決定或影響律師文書的內容。區別律師文書的目的（用途），並予以類型化，是為了撰擬得體合宜的文書。

　　律師文書依其不同的目的（用途），可以大略分為四大類：「分析」、「說服」、「報告」及「契約」，由於契約並非本書討論範圍，以下僅就「分析」、「說服」及「報告」表列並分別說明如下：

	內　容	常見類型	讀　者
分　析	分析法律規定，並進而預測適用法律的結果	法律意見書 查帳信 內部備忘錄	客戶（及客戶指定的受文者） 指導律師或資深律師
說　服	說服文書相對人為一定行為	書狀（包括程序書狀） 律師函（包括警告信）	法院（包括檢察官） 對造 對造律師 行政機關
報　告	說明或解釋事實或法律	開庭報告 判決結果報告 陳報狀	客戶 法院（包括檢察官）

㈠分析的律師文書

　　分析的律師文書，係指文書的內容係分析法律規定，並進而預測適用法律的可能結果，例如：發生車禍的當事人詢問可否請求損害賠償，則律師分析事實及侵權行為等規定後，告知其法律意見的文書，即為分析的律師文書。另外，倘資深或指導律師就特定案件或問題，要求新進律師或實習律師研究，則其書面報告（或稱內部備忘錄），亦為分析的律師文書。

　　故法律意見書、內部備忘錄、查帳信等，都屬於分析的律師文書。其格式不以正式信函為限，亦包括傳真、電子郵件等。

　　分析的律師文書，目的在於預測適用法律的結果，故其內容必須客觀，正反兩面併陳，不應預設立場，亦即須以裁判者的立場分析及預測，以裁判者的角度認定事實及適用法律。反之，如律師預設立場，未客觀地權衡得失，其所為的分析或預測，猶如自始誤導當事人方向，此種分析，不僅無任何價值，甚至有可能危害當事人的權益。

　　分析的律師文書，既然係分析法律規定，並進而預測適用法律的可能結果，故其體例通常由「事實（分析前提）」、「法律規定」、「適用法律結果」、「反對意見」、「建議」等部分所組成。

㈡說服的律師文書

　　說服目的的律師文書，係為說服律師文書的讀者為一定行為而撰擬的文書，大部分的律師文書都含有說服的目的，例如書狀（包括程序書狀）、律師函（包括警告信）等。

　　與分析的律師文書應持客觀的立場不同，說服的律師文書，係請求文書的相對人為一定的作為（同意、允許、駁回、清償等）。例如法院書狀，是說服法院為有利的裁判，催告或警告的律師函，是請求債務人清償或停止侵害等，故說服的律師文書，其立場是主觀的，甚至可說偏頗的。

　　說服的律師文書固然有甚多類型及格式，惟仍有一定的原則及規則，其中最主要的原則，在於律師文書應以判決三段論法為基礎，詳細內容將於後續的章節中加以說明。

㈢報告的律師文書

　　報告目的的律師文書，係為說明或解釋而撰擬的文書。

　　最常見的報告目的的律師文書，是律師與其當事人間的文書，例如開

庭報告、判決結果報告等。當事人律師與其當事人間關係密切、聯絡頻繁，現在雖然行動電話普及，但律師與當事人間聯絡，有時仍有以書面為之的必要，例如當事人不在國內、當事人要求、重要事項[9]（關係律師或當事人權益）等。

另外，報告的律師文書並非僅係於律師與當事人間的文書，如陳報狀亦屬於報告目的的律師文書。

報告目的的律師文書，其說明或解釋的「標的」，可能為事實（如開庭的事實），亦可能為法律規定（如說明裁判費的規定）。惟須注意者，此時並無任何分析或說服可言，而仍僅在說明或解釋。

如分析及說服的律師文書為「論說文」，則報告目的的律師文書，其性質上近於「說明文」，應注重「直接說明」、「詳細指示」、「通俗易懂」的原則。

四.三段論法

法官、檢察官或律師，分別代表司法權、行政權及人民，在司法體制下，藉由認定事實及適用法律來實踐正義與保障人權，從而，不論律師文書或司法書類，都是在表現其各自（法官、檢察官或律師）認定事實及各自適用法律的結果，從這角度來看，律師文書的基本架構，除了代表的當事人、目的、對象不同外，應該和司法書類相符一致，基於相同論理法則來撰擬。

律師文書與司法書類的本質既然相同，故撰擬律師文書時，基本上應

---

[9] 律師倫理規範第 27 條第 2 項規定：「律師應依據法令及正當程序，盡力維護當事人之合法權益，對於受任事件之處理，不得無故延宕，並應適時告知事件進行之重要情事」。

按照判決三段論法來架構。

㈠判決三段論法

一般所謂判決三段論法，即：以法律或其他法源作為大前提，而以事實認定後之事實為小前提，因小前提與大前提之條文中之構成要件該當，而推論出結論即為判決主文[10]。亦即：

大前提	小前提	結　論
法律或其他法源	事實認定後之事實	判決主文
殺人者，處死刑、無期徒刑或十年以上有期徒刑	張三殺人	張三處死刑（無期徒刑或十年以上有期徒刑）
殺人者，處死刑、無期徒刑或十年以上有期徒刑	張三沒有殺人	張三無罪

大前提	小前提	結　論
因故意或過失，不法侵害他人之權利者，負損害賠償責任	張三故意不法侵害原告李四權利	張三應賠償李四新臺幣100萬元
因故意或過失，不法侵害他人之權利者，負損害賠償責任	無故意或過失的行為，或權利未受侵害，或無因果關係	原告之訴無理由

或者，也可以更簡單說明如下：

大前提	小前提	結　論
如果 A 事實發生，則 B 結果	A 事實發生	B 結果
如果 A 事實發生，則 B 結果	A 事實沒有發生	不應有 B 結果

---

10 參見王澤鑑教授，民法實例研習叢書第一冊基礎理論，第 116 頁以下。

　　最明顯（也最不願意見到）的三段論法的判決，就是上訴第三審時最高法院駁回上訴的判決：「按取捨證據、認定事實及關於當事人間契約之解釋，均屬第二審法院之職權，若其認定、解釋並不違背法令，即不得以其認定或解釋不當為第三審上訴之理由（參照本院 28 年上字第 1515 號、33 年上字第 6028 號判例）。上訴論旨，既未具體指出原判決如何違背法令，徒就原判決認定事實、取捨證據及解釋契約職權之行使，任意指摘其違反經驗法則，聲明廢棄，難謂有理[11]」。

　　如果用圖示表示，即為：

大前提	小前提	結　論
以認定事實或解釋契約不當為第三審上訴之理由者，上訴無理由	上訴人僅就原判決認定事實、取捨證據及解釋契約職權之行使，任意指摘其違反經驗法則	上訴無理由

　　另舉一最高法院認上訴有理由的判決：「按所謂定型化契約之條款因違反誠信原則，顯失公平，而無效者，係以契約當事人之一方於訂約當時處於無從選擇締約對象或無拒絕締約餘地之情況，而簽訂顯然不利於己之約定為其要件。原審就被上訴人於簽訂本件工程合約當時是否處於無從選擇締約對象或無拒絕締約餘地之情況如何，並未查明審認，徒以其於約定工期內完工，增加一次複驗程序，課以鉅額違約金，顯有變相縮減工期、減少報酬之嫌云云，即認定合約第 19 條第 3 項之約定違反誠信原則，顯失公平，應屬無效，自嫌速斷。」（最高法院 91 年台上字第 2220 號判決）

---

[11] 如前所述，律師文書常與司法書類相對應，從而，在被上訴人第三審答辯狀中，可以見到類似的用語，例如：「綜上，上訴人提起本件上訴，無非徒就原審認定事實、取捨證據，暨解釋契約之職權任為指摘其不當，或就原審判決已論斷者，擅指其未論斷，渠訴請求予撤銷原審判決，實無理由。」

大前提	小前提	結　論
定型化契約之條款無效之要件，以契約當事人之一方於訂約當時處於： 1.無從選擇締約對象，或 2.無拒絕締約餘地之情況	1.原審未查明是否處於無從選擇締約對象或無拒絕締約餘地 2.原審以其他事實認定合約定違反誠信原則無效	上訴有理由

　　事實上，除了判決結論外，關於認定事實部分，法院認定的結論，亦是基於三段論法而來，最常見的是關於證人證詞是否可採的判決：

大前提	小前提	結　論
利害關係一致之人，證詞容易偏頗	證人為系爭土地共有人，與上訴人利害關係一致	證詞無可採
證人如與兩造無利害關係，證詞應可採信	證人為股務承辦人，與請求返還股票之兩造並無任何利害關係	證詞應屬可信

　　由此可見，三段論法在司法書類當中，並非僅限於判決主文，在法院認定事實、適用法律的過程當中，可以清楚看到甚多依照三段論法來論理[12]。

　　亦即判決的結論，是基於一連串的三段論法來演繹的，法院以三段論法認定何者主張為事實，藉由三段論法認定何者主張有法律上理由。

---

[12] 司法院解釋、大理院最高法院判例「要旨」等，因係摘錄判決的部分，故大部分無法看到三段論法。例如前面舉例中所引用的 28 年上字第 1515 號判例：「取捨證據認定事實屬於第二審法院之職權，若其認定並不違背法令，即不許任意指摘其認定不當，以為上訴理由」，及 33 年上字第 6028 號判例：「解釋契約屬於事實審法院之職權，當事人不得以其解釋之不當，為第三審上訴理由。」

㈡為何律師文書應採用三段論法架構？

在哲學及法律領域中，對於三段論法的利弊有甚多的討論，惟此等討論與文書實務並無直接關連，就律師文書實務言，最重要的目的在於如何寫出一篇具說服力、條理清晰且可達成目的的文書。

基於以上的認知，採用三段論法架構，在律師文書的實益有以下幾點：

1 容易熟悉

三段論法即一般所稱之傳統邏輯[13]，無須其他複雜的邏輯思考，更有無數的法院判決及對造的文書可供參考及學習。

2 增加說服力

三段論法提供清楚的論理架構，不會有欠缺論理依據的情形，同時三段論法完整的論理架構，有助於增加說服力。

3 便於法院審閱

法院判決亦是採用三段論法，以三段論法為架構，有助於法院瞭解，節省法院審閱書狀的時間，亦即降低法院忽略書狀的風險。

4 節省時間

律師在撰擬文書時，如能依照三段論法的架構，不僅節省撰擬文書的時間，亦容易以三段論法檢視其思維是否完整，思維與主張是否一致。

---

[13] 傳統邏輯即三段論邏輯，又分為三種，分別是定言、假言和選言三段論。

5 幫助檢視

熟悉三段論法後，不僅可檢視自己文書所持論理是否有據，有助於找出對造主張的事實上或法律上弱點。

當然，應特別注意的，法律論證和法律解釋方法甚多，三段論法固然提供簡單的論理架構來撰擬文書，但絕對不是唯一的方式，採用三段論法架構，是基於實務上的便利，從事實務工作，現實上不可能每一爭點都依嚴格的法律論證程序，必須權衡輕重，取捨緩急，在律師文書上使用三段論法，不是限制律師執業及思考的空間，而是希望相對有更多的時間，來處理複雜的爭點及法律辯證的問題。

後面的章節所介紹的基本原則（勾勒思考、言必有據、簡要慎重），亦是基於三段論法的架構，但並非以「大前提」、「小前提」、「結論」的次序。原因在於律師在下筆之前，應該要先思考「目的」及「結論」為何？故先介紹關於「結論」的基本原則「勾勒思考」。再介紹關於「大前提」的基本原則「言必有據」，最後說明關於「小前提」的基本原則「簡要慎重」。

2 基本原則㈠——勾勒思考

不論任何律師文書的撰擬，最重要的原則，在下筆之前，應該要先思考下列問題：這篇文書的「目的」為何？各個段落、各個主張所要持的「結論」為何？

藉由清晰的目的，確立目標、節省時間；藉由簡單的結論，集中爭點、避免夾雜。

一. 下筆之前

行成於思，毀於隨[1]。律師在下筆之前，應思考為什麼要寫這篇文書？這篇文書的目的為何？有了清晰、明確的目的後，方開始檢索資料及動筆。

撰擬文書的目的，基本上可分為「法律上目的」及「策略上目的」兩方面[2]：前者指其目的在於發生依法所生的效果，例如催告函、聲請調查證據狀等是；後者則是指發生策略上的效果，例如警告、挑釁[3]、暗示、

---

[1] 韓愈，進學解：「國子先生，晨入太學，召諸生立館下，誨之曰：業精於勤，荒於嬉。行成於思，毀於隨。方今聖賢相逢，治具畢張，拔去兇邪，登崇俊良。占小善者率以錄，名一藝者無不庸。爬羅剔抉，刮垢磨光。蓋有幸而獲選，孰云多而不揚？諸生業患不能精，無患有司之不明；行患不能成，無患有司之不公。」

[2] 基於當事人的利益，律師文書不應是基於情感上的目的，例如憤恨、羞辱、報復等。

[3] 不過，挑釁雖會發生情感上效果，但策略上挑釁及情感上挑釁截然不同，應特別注意。

求和、敷衍、模糊、混淆等。

策略上目的，常隨事實、時間、當事人特別指示而改變，並非固定不變，例如就同一案件，隨時間不同，即常會有不同的策略上目的。

並非所有文書都同時具有法律上及策略上目的，但法律上目的及策略上目的大部分是同時存在的，例如在催告函中另有警告將解除契約的目的，調查證據聲請狀、請求和解狀希望達到暗示事實的目的。

清楚法律上目的及策略上目的後，就容易決定文書的風格（證之以法？論之以理？動之以情？誘之以利[4]？威之以勢？）、架構與內容，從而，清晰的目的，是可以節省相當多撰擬文書的時間。

反之，如果隨性發展、漫無目標，初稿完成後，還需額外為猶豫取捨、增刪潤飾，將相對減少整理案情、檢索資料的時間，而且，就算你不將時間視為成本，與其在文案前浪費時間，不如節省下來好好休息。

更直接地說，如果無法明確地確定整篇文書的目的（法律上或策略上目的），通常就表示這篇文書欠缺必要性，還不如不要寫。如果一篇訴狀、一封律師函沒有明確、清晰的目的，可能導致下面的結果：

1. 浪費時間及成本。
2. 打草驚蛇，使對方有所察覺，預先防備。
3. 自曝其短，使對方藉題發揮、見縫插針。
4. 重要爭點無法突顯。
5. 法院誤認我方僅一再重複論述，日後不再詳閱書狀。
6. 法院推定我方理由薄弱。

欠缺法律上或策略上目的即撰擬文書，最常見的情形，發生在撰擬文

---

4 史記卷一百二十七日者列傳第六十七：「今公所謂賢者，皆可為羞矣。卑疵而前，孅趨而言；相引以勢，相導以利。」

書是基於當事人[5]的指示（尤其一時情緒性的指示），而非基於律師專業上的判斷，此時律師不能屈從附和、有求必應，必須詳細思考及與當事人充分溝通[6]，否則影響大局，得不償失。

二. 結　論

當開始撰擬文書後，在每一段落（或主張）前，律師應明確決定該段落（或主張）的結論為何[7]？

應先決定結論，其理由在便於「集中爭點、避免夾雜」。蓋：於三段論法的論理架構下，先決定好結論（及其類型），當事先限制（或限縮）結論後，因方向明確，在我們撰擬大前提及小前提時，即會排除無關的事實上或法律上陳述，且因為爭點單一，自然發生集中爭點的效果，達到避免夾雜及集中爭點的目的。

相反的，如果擬稿時未先確定結論，隨想任意、信手採擷，抑或逐項逐一按對造的主張反駁，縱不模糊夾雜，亦需額外時間來修飾。

為便於說明，假設就原告下列主張，被告代理人律師擬了如範例 1 所示的答辯：

---

[5] 當事人為公司、行政機關等法人時，並應特別注意，在何種情況下才算「當事人」指示。

[6] 當然，律師必須考量客戶觀感及客戶關係，有時當事人可能誤認律師係因時間或成本考量，故不願意撰擬書狀或信函，此時最好的解決方式，仍是與當事人分析其中利害關係，而非敷衍草就；當事人為公司、行政機關時，更應考慮以書面方式出具意見。

[7] 先決定結論，並不表示要先寫結論，關於此點，會另外討論。

起訴狀：　　　　　　　訴之聲明

被告應給付原告新臺幣一百萬元。

事實及理由

緣兩造於 110 年 3 月 1 日書立契約（原證一號），約定於契約第 1 條所定之條件成就時，被告即應履行契約，惟前揭條件成就後，被告竟未履行契約，致原告受有損害，其項目及金額分別如附表一所示，則依契約第 1 條規定，原告自得請求被告賠償損害。

範例 1

　　查原告雖請求損害賠償，惟其訴之聲明，不僅與附表一所載不符。且被告履行契約的條件，除契約第 1 條外，契約第 11 條亦另有規定，故原告請求並無理由，甚者，就其請求金額，原告僅以附表一其自行製作的計算表為證，原告自不得請求。

　　從範例 1 可以發現如果沒有先確立結論，直接按照原告起訴狀，從訴之聲明到理由項逐一答辯[8]，即很容易產生模糊夾雜的效果，仔細來看範例 1，被告律師在審閱原告起訴狀後，主要想爭執下面幾點（可能爭點）：

　　1.訴之聲明與附表一所載不符。

　　2.兩造契約約定的條件，規定在第 1 條及第 11 條。

　　3.原告僅以自行製作的計算表為證據。

　　上面這幾點可能爭點，都並非結論，法院甚至在審閱書狀時即可以發

---

[8] 原告請求時，在陳述當中多係直接引用證物（例如範例 1 中原告主張），如果不分法律或事實，即逐一答辯，即有可能模糊夾雜。

現，根本不需要被告律師主張，對法院言，最主要是想知道被告對此有何主張？被告所持的結論為何？被告形成結論的依據及論理是否可採？

可以這麼說，找出可能爭點（審閱書狀、檢視證據）的思考架構應該如下：

	大前提	小前提	結　論
A		訴之聲明與附表一所載不符	
B		兩造契約約定的條件，規定在第 1 條及第 11 條	
C		原告僅以自行製作的計算表為證據	

找到可能爭點後，在動筆前，即應思考就各該可能爭點所要主張（反駁）的結論為何，於確立結論後，此時的思考架構應該如下：

	大前提	小前提	結　論
A		訴之聲明與附表一所載不符	原告請求及理由矛盾
B		兩造契約約定的條件，規定在第 1 條及第 11 條	原告主張與事實不符 原告請求並無契約依據
C		原告僅以自行製作的計算表為證據	原告並未舉證以實 原告並未說明各項原因事實及請求權依據

因為一個可能爭點，可能有不同的結論，自應有不同的依據及論理，因此，下一步是針對各個結論，思考其個別的依據為何，此時的思考架構應該是：

	大前提	小前提	結　論
A		訴之聲明與附表一所載不符	原告請求及理由矛盾
B1		兩造契約約定的條件，規定在第 1 條及第 11 條	原告主張與事實不符
B2		兩造契約約定的條件，規定在第 1 條及第 11 條	原告請求並無契約依據
C1		原告僅以自行製作的計算表為證據	原告並未舉證以實
C2		原告僅以自行製作的計算表為證據	原告並未說明各項原因事實及請求權依據

　　如果一一討論依據，就離題太遠了，而且找依據並不困難，所以本書省略這部分的說明。

　　當然，如果就只是按照次序一一答辯，就完全失去先確立結論的目的了。因此，在思考依據後，必須開始決定輕重順序，此部分還是由結論來決定的，由結論我們可以清楚的看出各個主張的性質，例如：是「否定」還是「干擾」？是「全部」否定還是「一部」否定？是「程序」還是「實體」？有沒有反效果？清楚這些性質後，規劃整篇書狀即變得容易，也終於可以開始動筆了。

　　必須要說明的是，關於整篇書狀的順序或規劃，並無一定的準則，可以先說明「干擾」或「程序」的主張，也可以先說明「否定」或「實體」的主張，因人而異，策略有別，可以自由發揮[9]。

　　依據前面的說明，範例 1 應該改為：

---

[9] 不過最好避免夾雜交錯的架構，例如「程序」→「實體」→「程序」。

範例 2

一. 查原告雖請求損害賠償，惟就被告履行契約的條件，除契約第 1 條外，契約第 11 條亦另有規定，則契約第 11 條規定之條件既未成就，被告自無履行契約之義務，原告率為請求賠償，於法並無理由。

二. 甚者，原告雖請求損害賠償，惟其請求之各項原因事實及請求權依據，原告不僅並未具體說明，且就渠稱其受有損害乙節，不僅並未舉證以實其說，僅以附表一自行製作的計算表為據，原告率行起訴請求賠償損害，於法顯無理由。

從上面說明，可以知道結論有很多的類型，其中最基本的分類，是基於律師代理人的角色而來的，將結論區分為「積極結論」與「消極結論」。

先以訴訟書狀為例，身為律師，主要任務在於：說服法院接受我方的證據或主張，說服法院否定對方的證據或主張。從而，結論的類型，基本上可區分為「積極結論」（本造有理由）與「消極結論」（對造無理由），則表現在認定事實、適用法律兩方面，可簡單表列如下：

	結論類型	內　容 （如以白話表示）	使用時機
認定事實	積極結論	我方主張為事實 （我沒說謊）	說服法院應認定我方主張的事實[10]
	消極結論	對方主張並非事實 （對方說謊）	說服法院否定對方主張的事實
適用法律	積極結論	我方主張符合法律規定 （我有理由）	說服法院應適用我方主張的法律
	消極結論	對方適用法律有誤 （對方曲解法律）	說服法院否定對造主張的法律

---

[10] 此說明係為便於瞭解，尚可能有其他目的，以下同。

另外，如以代表債權人催告清償借款的律師函為例，可以表列結論的類型與使用的時機如下：

	結論類型	內　容 （如以白話表示）	使用時機
認定事實	積極結論	我方主張為事實 （真的欠錢）	說服債務人應接受我方主張的事實[11]
	消極結論	對方主張並非事實 （並未清償）	說服債務人瞭解其主張並非事實
適用法律	積極結論	我方主張符合法律規定 （我有理由）	說服債務人
	消極結論	對方適用法律有誤 （不要曲解法律）	說服債務人不應再拒絕清償

三. 常見的結論用語

結論通常置於「論述」或「段落」的最後，為便於參考，表列常見的結論用語如下[12]：

---

[11] 此說明係為便於瞭解，尚可能有其他目的，以下同。

[12] 當然，尚有許多常用的結論用語，每位律師執業多年以後，都有自行歸納整理的習慣用語，每位律師所用的文字，實際上具體代表了其個性及執業風格，在案牘勞形之餘，或許也可觀察分析一下對造律師習慣用語。

結論 類型	內　容	常見用語
認定 事實		
積極 結論	我方主張為事實 （我沒說謊）	☐ 故 [⋯⋯]，確為事實（昭然明甚，要無可疑）。 ☐ 已可資為證。 ☐ 上開等節，業經證人到庭結證屬實，足資憑 　信。 ☐ 此觀諸×筆錄×頁第×行以下自明。 ☐ 確為兩造訂立合約之真意，實不容 [對造] 任 　意否認或曲解。 ☐ 其見解自可供　鈞院參酌。 ☐ 本件聲請人之請求權亦未罹於時效，甚為明 　確。
消極 結論	對方主張並非事實 （對方說謊）	☐ 故 [對造] 稱 [⋯⋯] 云云，並非事實（顯無可 　採、要無可採、顯有誤會）。 ☐ 故 [對造] 所稱，顯不實在。 ☐ [對造] 所稱，顯無任何證據可恃。 ☐ [對造] 空言主張，顯屬無稽[13]。 ☐ [對造] 就其主張，不僅未提任何證據以實其 　說，亦與事實不符。 ☐ 未見 [對造] 舉證以實其說，自難率予憑信。 ☐ [對造] 主張，全憑流言蜚語，無可採信。 ☐ [對造] 所謂 [⋯⋯] 云云，純屬臆測無據之 　詞，殊不足採。 ☐ [對造] 就原審已論斷之事項恣為指其未論 　斷，實無可採。 ☐ 不僅並無任何契約上或論理上之依據，所稱 　亦前後矛盾，自無可採。

---

13 無稽者，無可考信、沒有根據。書經・大禹謨：「無稽之言勿聽，弗詢之謀勿庸。」

結論類型	內容	常見用語
適用法律 積極結論	我方主張符合法律規定（我有理由）	□故本件符合 [……] 規定，至為灼然[14]。 □本件有 [……] 的適用，至為明顯。 □核與 [……] 規定相符，自應 [發生何法律效果]。 □原告（或聲請人）自得提起本件訴訟（或仲裁）。
消極結論	對方適用法律有誤（對方曲解法律）	□[對造] 主張 [……] 云云，於法並無可採（顯無可採、要無可採、顯有誤會）。 □[對造] 不察及此，率認 [……] 云云，於法顯有誤會（或顯有違誤）。 □乃對造見不及此 （或不見及此），竟謂 [……] 云云，至為無據。 □對造主張，與法自有未合。 □對造迄今不惟並未具體說明其請求權基礎為何，其所稱 [……]，亦違反 [……] 的規定甚明。 □[對造] 主張，若非誤會，即屬刻意曲解。 □迺 [對造] 斷章取義 ，恣意增加 [契約條文] 原未規定之限制，不惟並無任何契約上或法律上依據，亦與契約真意及目的不符，實無可採。 □[對造] 嗣後竟曲解 [契約] 規定及意旨，率謂 [本造] 不得提起本件訴訟，不僅不符兩造簽約時之真意，亦無任何契約上依據，實有失誠信及公允，並無可採。

---

[14] 明白、清楚。書經·呂刑，孔安國傳：「灼然彰著四方，故天下之士無不惟德之勤」；晉，劉寔，崇讓論：「推讓之風行，則賢與不肖灼然殊矣。」

將常用結論用語表列出來，除了便利各位抄用，更重要的是說明結論的重要性及其類型，避免誤用結論的類型，將應用事實的結論誤用為法律上結論[15]，例如將對造關於事實的主張，反駁以「於法自有未合」或「並無任何依據」等情形。

如觀察律師在結論的常用語，可以發現在消極結論部分，很多律師習慣再次引用、摘要對造的主張，例如「故被告所謂原告再行出賣云云，純屬臆測無據之詞，殊不足採」或「故對造主張本件有過失相抵原則適用，於法並無理由」等，其理由應在於之前論述已有相當篇幅，為避免焦點模糊、語氣中斷，故再次引用摘要對造之主張。

四. 不適當的結論

㈠不適當的結論用語

除了誤用結論用語外，不適當的結論用語，還有貶抑的結論及恫嚇的結論：

1 貶抑的結論用語

貶抑的結論用語，係指可能使文書相對人產生情緒上反應的用語，例如「被告所為狡辯，無恥無理至極」、「原告所為主張，與盜匪無異」、「顯見被告以卑劣手段取得……」、「原告代理人主張，荒誕可笑，實不值一駁」。

---

[15] 誤用結論類型的情形，多發生在混淆誤用事實及法律上結論，一般說來，只要於完稿前再為校對，不太可能發生誤用積極結論與消極結論的情形。

2 恫嚇的結論用語

恫嚇的結論用語，係指並無策略上目的及必要，而為恫嚇的結論用語，例如「切勿自誤[16]」、「被告顯然偽造文書」。

如何決定適當的結論用語，並無一定明確準則可循，但可以注意下面幾點：

(1)參考法院判決的結論，不要任意增加法院判決原沒有的形容詞或修飾語。

(2)不要使用太通俗的文字或成語，例如「卑鄙」、「無恥」、「可惡」、「荒謬」、「寡廉鮮恥」。

(3)不要輕易使用極端的用語，例如「切勿自誤」、「顯然被告偽造」。

(4)依案件性質決定用語，單純民事案件中，除非必要，不要直接使用刑事用語或按構成要件論述，例如「瀆職」、「舞弊」、「明知違背法令，竟圖利第三人」。

(5)參考對造書狀或文書，拿捏其中分際，例如部分律師或當事人對「無稽」二字敏感[17]，但如果對方書狀曾經出現「無稽」，表示其對「無稽」二字並無特別禁忌，對方如還指摘「無稽」用語不當時，那也不過是「以彼之道，還施彼身」。

以下為一些筆者關於結論用語的建議：

---

[16] 有不少當事人對此用語反感，尤其在未確定對方當事人態度前，即以最後通牒姿態發函，實無必要。

[17] 可能由「無稽」聯想到「荒誕無稽」、「荒謬無稽」。

類　型	原來用語	建議修正用語
貶抑的用語	狡辯	詭辯
	荒誕無稽	並無任何依據
	卑鄙下流	不正當、非法
	無恥無理	無理
	幼稚可笑	思慮未全
恫嚇的用語	顯然被告偽造文書	文書顯不實在
	希勿自誤	請依法（或依約）辦理

㈡不適當用語的影響

　　一旦涉及利害、訟爭，一般人對於言語及文字更為敏感，忍受負面評價的能力相對降低，而律師執行業務時，常位於利害關係的對立處，於訴訟程序中，更是位於第一線的衝突點，不適當的用語（不論出於故意或疏忽），不僅影響當事人的利益、律師個人評價，甚至可能造成不必要的對立或後果，如何精準地表達想法及立場？如何在手段及目的間取得平衡？均考驗律師的智慧與能力。

　　不適當的用語，或出於疏忽，或出於故意，甚或案件及讀者（包括法院、對造律師、對造當事人、我方當事人）過於敏感所致[18]：

---

[18] 嚴格來說，文書的相對人過於敏感導致的不適當用語，應屬於過失的範圍，但有時已超出「能注意」的範圍。

類　型	態　樣	可能影響
出於疏忽	1. 基於誤寫的顯然錯誤 2. 誤用結論類型 3. 誤解文字含意 4. 輕忽對造律師或當事人的個性或利害關係[19]	□ 法院、客戶對律師產生不良印象 □ 法院忽視日後所提書狀的論理及結論 □ 對造律師借題發揮 □ 增加不必要爭執 □ 花費額外的時間與成本善後
出於故意	1. 習慣使用尖銳用語 2. 反擊對方尖銳用語 3. 過度期待情緒化文字的效果 4. 當事人之指示[20] 5. 為安撫當事人情緒	□ 法院、當事人對律師產生不良印象 □ 影響律師個人聲譽 □ 降低真正應強調重點的強度 □ 對造律師借題發揮 □ 增加不必要爭執 □ 破壞和解可能性 □ 增加當事人風險
案件及讀者過於敏感	1. 刑事案件（尤其為自訴代理人時） 2. 家事案件 3. 勞資爭議案件 4. 訴訟標的金額龐大 5. 對造未委任律師代理 6. 對造律師已承受重大壓力的案件 7. 當事人為未成年人，父母為法定代理人的案件 8. 當事人為公司、行政機關，員工或公務員有利害關係的案件	□ 增加不必要爭執 □ 花費額外的時間與成本善後

---

[19] 如前述，對造當事人為行政機關時，如為單純民事案件，除超越合理懷疑且基於策略上目的，尤應特別避免引用刑事用語，例如「瀆職」、「舞弊」、「明知違背法令，竟圖利第三人」。

[20] 請參見律師倫理規範第 20 條:「律師不得以受當事人指示為由，為違反本規範之行為。」

　　從前表可知，不適當用語的影響是多層面的，在撰擬文書時除了不得為詆毀、中傷[21]，更應避免不適當的用語，縱文書的相對人為律師時[22]，並不代表即可任意指摘，相同律師在不同當事人的情形下，仍可能對相同文字有截然不同的反應。

　　部分律師習慣使用尖酸刻薄、嚴詞厲色的用語，主要原因是對於言語、文字的效果有過度的期待，認為可以達到策略上的效果。

　　但事實上，通常發生的是預期「以外」的效果，很多時候，是完全不發生任何效果的。對法院言，其著重的是法律上及事實上的依據及證據，而非言詞或文字的堆砌；對當事人而言，重要的還是本身實際的利害，而非文字的傷害[23]；最糟糕的是，對於原以為炙熱難耐的文字，很多律師都只是一笑置之，或引為茶餘飯後的笑談。

　　況且，從代理人的角色來看，貶抑或恫嚇的文字，實欠缺必要（代理人並非本人），從代理人的目的及任務來看，此等非理性的文字，甚至可能違反代理人的職責（減少和解可能、增加當事人風險）。

　　要破除此種迷思，必須自己嘗試：當完成一份慷慨激昂的書狀或警告信後，試著將讀起來會令自己情緒激動的文字刪除或加以修飾，並思考是

---

[21] 參照律師倫理規範第 25 條第 1 項：「律師不得惡意詆譭司法人員或司法機關……。」、第 43 條：「律師就受任事件維護當事人之合法權益時不得故為詆毀、中傷或其他有損相對人之不當行為。」、第 47 條：「律師不應詆毀、中傷其他律師，亦不得教唆當事人為之。」等規定。另外，律師倫理規範第 34 條第 1 項第 1 款亦規定：「有下列情形之一者，律師不得接受當事人之委任；已委任者，應終止之：一、律師明知當事人採取法律行動、提出防禦、或在訴訟中為主張之目的僅在恐嚇或惡意損害他人。」

[22] 依律師倫理規範第 45 條：「律師於處理受任事件時，知悉相對人或關係人已委任律師者，不應未經該受任律師之同意而直接與該他人討論案情」，亦即知悉相對人委任律師後，文書的受文者應為相對人律師（或同時包括相對人）。

[23] 對造當事人雖會有情緒反應（例如指示其律師還以顏色），但一段時間後，最重要的考量還是其利害關係。

否會影響法律上或策略上的目的。

五. 結論的合併

如果整份文書的所有論述或主張都逐一下結論，整份文書反而支離破碎，無法呈現完整、連貫的論理，因此，有時必須合併主張，進而合併結論。而討論結論的合併，必須考量到結論的「類型」及結論的「篇幅」。

就結論的類型言，在段落的安排上，如果同時有數個簡單的主張，且結論性質相同時，通常可將這些主張集中於同一段落，例如將數個消極結論安排為同一段落、將數個認定事實的結論安排為同一段落。

如以消極結論為例，假設被告律師認為原告未盡其舉證責任乙節，提出如下的反駁，而以條列的方式論述：

範例 *3*

一. 原告雖請求損害賠償，惟其請求之各項原因事實，原告並未具體說明，且就其個別的請求權依據，亦未見原告具體主張，原告請求顯無理由。

二. 且查，原告雖主張被告應賠償其所受損害，惟就渠所受損害，原告並未舉證以實其說，原告請求，於法自無可採。

三. 甚者，原告起訴之證據，僅有附表一自行製作的計算表為據，原告率行起訴請求賠償損害，於法顯無理由。

上面範例雖用「原告請求顯無理由」、「於法自無可採」、「於法顯無理由」等不同的結論用語，但都是消極結論，此時即可以合併段落：

範例4

> 原告雖請求損害賠償，惟就其請求之各項原因事實及請求權基礎，原告並未具體說明，原告請求已顯無理由。且查，原告雖主張被告應賠償其所受損害，惟就渠所受損害，僅有附表一自行製作的計算表為據，自難認原告已為舉證，是原告請求，於法自無可採。

但如為以下的情形，即不宜全部合併：

範例5

> 一.原告雖請求損害賠償，惟其請求之各項原因事實，原告並未具體說明，且就其個別的請求權依據，亦未見原告具體主張，原告請求顯無理由。
> 二.且查，原告雖稱被告係……云云，惟依……，顯非事實。
> 三.甚者，原告雖主張被告應賠償其所受損害，惟就渠所受損害，原告並未舉證以實其說，原告請求，於法自無可採。

　　段落是否合併，尚須考量到篇幅的限制，段落篇幅過長、跨頁的主張，都有可能造成注意力降低、思慮中斷或片段遺漏的情形，因此，即便單一主張（或段落），篇幅最好不要超過一頁[24]，因此，如果合併前的段落已有相當篇幅，合併段落將使篇幅超過一頁時，最好不要合併及省略合併，如此，每一頁都有結論，可供文書相對人瞭解所欲主張的重點（或結論）。

　　可能有人認為，律師每天撰擬的文書眾多，不太可能考慮到段落是否跨頁等枝微末節，不過，在執業生涯中，面對太多不可預知的因素，所能做的，就是儘量減少風險，在撰擬文書時，時常必須「字」斟「句」酌，

---

[24] 當然，段落跨頁是無法避免的，我們無法控制每一段落都「剛好」一頁，不過在特別重要的段落，應該盡可能將該段落置於同一頁當中。

以此推演，又何能不考慮「段落」或「篇幅」的影響呢？

六. 結論的條列

前段討論了結論（或段落）的合併，以下說明的是條列數項主張時，應如何安排段落及表達結論。

數點主張在下面情形下，應考慮用條列方式說明：

1. 有個別強調的必要
2. 有先後次序關係
3. 合併後篇幅過長

以上並非絕對原則，要說明的是，如果以條列方式說明，基本上即是希望簡潔有力，如果每一項目都再說明一次相同或相似的結論，即喪失條列說明的目的，茲試舉一例如下：

範例 6

原告雖稱渠受有如附表所示之損害，惟觀諸其所列附表及所附原證一號至原證十號：

一. 原證一號僅為原告公司內部單方製作之內部單據及報表，不僅被告從未知悉、審閱或同意，亦僅係影本，顯非事實，原告請求該項費用，於法自屬無據。

二. 原證二號所列統一發票，形式上看不出確係使用於本工程，無從認定是否與本件請求有關，亦不知其間因果關係為何，原告率將其列為求償，於法並無理由。

三. 原證三號所列費用，係原告總公司人員之薪水、獎金及費用，並非本工程人員之費用，原告既未能證明與本工程有關，原告請求該項費用，於法顯

無理由。

四. 原證四號所列提列折舊費用，僅係會計上之作業，並非原告實際所受之損害，原告將其列入求償，實無任何法律上或契約上的依據。

五.（略）

六.（略）

由如上範例，倘若被告律師一共臚列了十點主張，而每一主張最後都加上相同或相似的結論，不僅法院需費時審閱，一再重複的結論反而減少主張的強度，此時應考慮於段落一開始即為結論，不僅可加強法院印象，使法院瞭解所有主張有共同的結論，亦可避免重複累贅，前開範例可修正如下：

範例 7

原告雖稱渠受有如附表所示之損害，惟觀諸其所列附表及所附原證一至原證十號，或與事實不符，或與本工程無關，原證一號至原證十號均無可採：

一. 原證一號僅為原告公司內部單方製作之內部單據及報表，不僅被告從未知悉、審閱或同意，亦僅係影本，顯非事實。

二. 原證二號所列統一發票，形式上看不出確係使用於本工程，不僅無從認定是否與本件請求有關，亦不知其間因果關係為何。

三. 原證三號所列費用，係原告總公司人員之薪水、獎金及費用，並非本工程人員之費用，原告亦未能證明與本工程有關。

四. 原證四號所列提列折舊費用，僅係會計上之作業，並非原告實際所受之損害。

七、結論的省略

前述結論的合併及條列，固然省去重複的結論，惟這些情形，與其稱為結論的省略，不如說是結論的歸納。

基本上，結論是文書的必要核心，文書的相對人需要結論來指引或確定主張（及其範圍[25]），因此，通常可省略結論的情形，僅有在事實的論述式結論，可以考慮省略，請參考下面範例：

範例 8

緣債務人於民國 112 年 1 月 1 日向債權人借款新臺幣一百萬元，約定清償期限為 112 年 6 月 1 日，並按週年利率百分之二計付利息，立有借據為證（原證一號）。未料債務人屆期不為清償，雖經一再催索（原證二號），均置之不理，是原告自得請求被告儘速清償。

為此，特依民事訴訟法第 508 條規定，聲請　貴院核發支付命令，促其清償。

範例中「是原告自得請求被告儘速清償」部分，因書狀的目的已非常明確，並無再次說明的必要，是可以（非當然）考慮省略。換句話說，如果書狀目的已非常明確（例如起訴狀、假扣押聲請狀），在事實論述部分（尤其事實緣由），是可以考慮省略結論用語，以求簡潔。

另外，在起訴狀（或聲請狀）最末結語，或有以「綜上所述，本件原告請求（或聲請）實有理由。為此……」為總結，雖無錯誤，惟此總結較

---

[25] 即便法院或對造律師可依其專業知識猜測結論，仍需要明確表明結論，沒有結論的主張，與未主張相同。

適用於法院判決，此總結不僅可依書狀目的當然知悉[26]，而無再次說明的
必要，亦欠缺確定、肯定的語氣，可考慮以條文依據或請求權依據為總結，
例如：「綜上，本件請求符合民事訴訟法第 532 條規定」或「綜上，被告確
應負債務不履行之損害賠償之責」，加強立論及依據。

八. 提問式的結論

有些時候，也可以提問式的結論來強調其主張，例如：「原告所提借據
確為當時兩造所書立無訛，否則，豈非原告偽造證據？」、「故被告所為，
實係正常之贈與行為，何來詐害原告債權？」

然而，法律或事實並無絕對，任何主張均有例外，不可能面面俱到，
提問式的結論固然有強調的效果，惟需注意的，有時法院心中想的答案，
偏偏就是所不希望見到的答案，例如前面所提的提問式結論，或許法院的
回應是：「沒錯，我為何沒想到?! 原告或許真的偽造證據？或許該考慮一
下原告偽造證據的可能性。」及「沒錯，被告不就是詐害原告債權？」

提問式的結論，固然有加強語氣的效果，惟提問式的結論，往往偏重
在語氣的強度及論理的必然性，進而忽略證據及依據的重要，或是激發另
一問題，在使用上應特別注意。

---

26 例如起訴狀不可能主張原告並無理由或不得請求。

3 基本原則㈡──言必有據

一. 必要性

　　三段論法之所以在律師文書當中扮演重要的角色，在於三段論法提供一完整的論理架構，如果依照三段論法來擬稿，較不容易發生論述有空泛無據的情形。

　　依據的重要性，當然無庸贅言，律師執行律師業務，大部分時間都是在說服別人接受你的看法與主張，既為說服，即需依據，如果沒有依據，律師的看法與主張則沒有任何說服力。

　　如果以對造的角度，沒有依據的主張，即會被評為「空言」、「泛稱」、「任為指摘」、「不足憑據」。

　　或謂，在信函往返及書狀攻防時，因法官或對造律師亦受有專業的法律訓練，有時可省略依據，有時依據甚至為贅詞，故依據並非如此重要云云。惟省略依據與欠缺依據截然不同，前者為刻意、嗣後的省略，後者為疏忽、自始的欠缺；就其效果言，前者簡潔，後者突兀，如果要說省略依據與欠缺依據的共同點，是二者均可輕易發現及辨明。簡言之，依據僅在思考後可省略，而非自始欠缺或無庸重視。

　　在撰擬文書的過程中，仔細思考及確定主張的依據，有下列實益：

1.檢驗所持論理及結論。

2.檢驗對造所持論理及結論。

3.辨別可否省略依據。

4.便於準備言詞辯論[1]。

二. 依據的內容

所謂依據，可分為法律上依據及事實上依據。前者即是以法源為論理的前提，後者則是以明確的事實為論理的前提。

所謂法律上依據，就是法源，如前所述，法官、檢察官或律師，是分別代表司法權、行政權及人民，在司法體制下，藉由認定事實及適用法律來實踐正義及保障人權，從而，任何形式的法源，都並非僅限於法官始得援用，律師更應引為依據。

基於律師的角色，律師所引用的法源，是最廣義的法源，在此，並不一一論述其內容，也不擬將其類型化，亦不考慮拘束力等學術上的問題，僅列舉各種可能的法源以供參考：

類　型	說　明	備　註
法　律	指最為廣義的法律	亦包括憲法、行政命令、自治規章

---

[1] 在言詞辯論時，為使說服效果加強，更應具體表示依據。另外，在書狀中省略依據時，雖原以為該依據應可省略，惟有時法院或對造仍有可能質疑（刻意或其他因素），此時，如能即時具體說明依據，可達到相當的效果，則面對此種挑戰，於撰擬書狀時，律師即應仔細思考及準備可能的依據。

類　型	說　　明	備　註
契　約	在私法自治原則下，當事人間的契約，為當事人間具有相當於法律之效力	包括團體規約、法人章程
法　理	指民法第 1 條所謂法理，即法律通常的原理	
習　慣	指民法第 1 條所謂習慣	包括習慣法
論理法則	指依立法意旨或法規之社會機能就法律事實所為價值判斷之法則而言	
經驗法則	指由社會生活累積的經驗歸納所得之法則而言；凡日常生活所得之通常經驗及基於專門知識所得之特別經驗均屬之 [2]	
證據法則	指法院調查證據、認定事實所應遵守之法則	包括成文法以外之證據法則 [3]
一般法律原則	指行政法之一般法律原則，例如：比例原則、信賴保護原則、不當聯結禁止原則、平等原則等 [4]	
條　約	指我國與其他國家或國際組織所締結之國際書面協定 [5]	包括公約、協定

[2] 參最高法院 91 年台上字第 741 號判決：「法院依自由心證判斷事實之真偽，不得違背論理及經驗法則，民事訴訟法第 222 條第 3 項亦有明示。所謂論理法則，係指依立法意旨或法規之社會機能就法律事實所為價值判斷之法則而言。所謂經驗法則，係指由社會生活累積的經驗歸納所得之法則而言；凡日常生活所得之通常經驗及基於專門知識所得之特別經驗均屬之。」

[3] 參最高法院 91 年台上字第 1645 號判決：「所謂判決違背法令，非以違背成文法為限，即判決違背成文法以外之證據法則，仍應認為違背法令。又所謂證據法則，指法院調查證據、認定事實所應遵守之法則而言。」

[4] 同前註。

[5] 參釋字第 329 號解釋：「憲法所稱之條約係指中華民國與其他國家或國際組織所締結之國際書面協定，包括用條約或公約之名稱，或用協定等名稱而其內容直接涉及國家重要事項或人民之權利義務且具有法律上效力者而言。其中名稱為條約或公約或用協定等名稱而附有批准條款者，當然應送立法院審議，其餘國際書面協定，除經法律授權或事先經立法院同意簽訂，或其內容與國內法律相同者外，亦應送立法院審議。」

需注意者，除法源以外，證據也可以作為依據，亦即事實上的依據，最常見的情況，是關於筆錄的事實，如對造斷章取義筆錄中的記載，此時即應以筆錄為依據，提出主張或反駁，例如：「查被告雖稱證人已證稱原告已免除債務云云，惟依 101 年 1 月 3 日筆錄，證人僅稱：『好像聽說原告說可以算了』，是被告所稱，顯與事實不符。」

以事實上依據為論述前提時，需特別注意確定事實與不確定事實（或待證事實）的差別，以確定事實（或即時可證的事實）為依據，當然有助於主張及論理的完整，而以不確定事實或其他待證事實為事實上依據，因依據並不確定，有時並不能達到預期的目的。不過，由於以不確定（或待證）事實為依據，仍較完全無依據為佳，故在實務上，時常可以發現以不確定（或待證）事實為依據的情形。

區分辨別依據的事實，究竟為確定事實？抑或不確定事實？其實益除了檢驗所持論理及證據力外，相對的，亦可以此檢驗對造所持之論理及證據力，明確指摘對造所持依據僅係不確定事實或待證事實，為相當有力的反駁。

三. 依據的類型

就文書撰擬言，依據的類型及用語，基本上是對應結論的類型，也就是，可區分為「積極結論的依據」（本造有理由）與「消極結論的依據」（對造無理由）。

類 型		依 據	結 論
事實上依據	積極結論	□查 [……]，有 [……] 可稽 □揆諸[6] [……]	□故 [……]，確為事實（昭然明甚，要無可疑）。

---
[6] 揣測、審度。說文解字：「揆，度也。」如：「揆其用心」、「揆情度理」。

類　型	依　據	結　論
	□證諸	□已可資為證。
消極結論	□查［……］，可知［……］ □查［……］，惟［……］ □查［……］，惟證諸［……］	□故［對造］稱［……］云云，並非事實（顯無可採、要無可採、顯有誤會）。 □故［對造］所稱，顯不實在。
積極結論	□按［……］，定有明文，準此 □依［……］規定，可知［……］ □揆諸［……］	□故本件符合［……］規定，至為灼然。 □本件有［……］的適用，至為明顯。
消極結論	□按［……］，已有明文，迺［對造］遽以［……］ □依［……］，是［……］，惟［……］ □至［……］，惟揆諸［……］規定	□[對造] 主張［……］云云，於法並無可採（顯無可採、要無可採、顯有誤會）。 □對造主張，與法自有未合。

（「法律上依據」為縱向合併類型欄位）

四. 依據的用語

㈠「按」與「查」的區別

　　「按」係指「按照」、「依照」，即援引法律上依據，例如：「按對於第二審判決上訴，非以其違背法令為理由，不得為之。又提起上訴，上訴狀內應記載上訴理由，表明原判決所違背之法令及其具體內容，暨依訴訟資料合於該違背法令之具體事實。民事訴訟法第 467 條、第 470 條第 2 項定

45

有明文。」（以「條文」為法律上依據）、「按『解釋契約，固須探求當事人立約時之真意，不能拘泥於契約之文字，但契約文字業已表示當事人真意，無須別事探求者，即不得反捨契約文字而更為曲解。』，最高法院前已著有17年上字第1118號判例。」（以「判例」為法律上依據）

另外，就法律為解釋，亦可使用「按」，例如：「又按解釋契約，應以當事人立約當時之真意為準，而真意何在，又應以過去事實及其他一切證據資料為斷定之標準。再按法院固得就鑑定人依其特別知識觀察事實，加以判斷而陳述之鑑定意見，依自由心證判斷事實之真偽。然就鑑定人之鑑定意見可採與否，則應踐行調查證據之程序而後定其取捨。倘法院不問鑑定意見所由生之理由如何，遽採為裁判之依據，不啻將法院採證認事之職權委諸鑑定人，與鑑定僅為一種調查證據方法之趣旨，殊有違背[7]。」

「查」可解為「查照」、「檢查」，即依據事實，例如：「查被上訴人主張……」、「查證人已到庭具結證稱：……」，惟「查」亦可解為「翻閱」、「檢尋」，故亦可用以援引法律，此用法在法院判決中亦屬常見[8]。

以上說明，並非絕對的規則或限制，然而，關於事實用「查」，關於法律用「按」，似已為習慣用法，亦即看到「按」時，即預期以下文字為關於法律的論述，因此，最好還是依循此規則，尤其不要任意交錯使用，讓法官看書狀時，皺眉太多次，當然沒有任何好處。

---

[7] 最高法院86年台上字第1708號判決。

[8] 最高法院71年台上字第4950號判決：「查民法第260條規定：解除權之行使，不妨礙損害賠償之請求，並非積極的認有新賠償請求權發生，不過規定因債務不履行（給付不能或給付遲延）所生損害賠償請求權，不因契約解除而受妨礙，債權人仍得行使之而已，迭經本院著有判例。」

㈡「定有明文」或「訂有明文」

在法院判決中，絕大部分都是使用「定有明文[9]」，「定」字，作「約定」、「訂立」解，判決上用「定」而非「訂」，或因法律統一用語表所載：「法律之創制，用『制定』；行政命令之制作，如『訂定』。或因「定」在語意強度上，較「訂」更為堅決確鑿；當然，使用「訂有明文」，並無不可或不當可言。

有人習慣在引據法律條文時使用「定有明文」，在引據契約條文時使用「訂有明文」，此分類固然明確可悉，不過，如前所述，「定」可作約定、訂立，是引據契約條文時用「定有明文」，可隱含有雙方不爭執之意。在法院判決中，在引據契約條文時，亦多使用「定有明文」。

另外，在「所明定」與「所明訂」間，亦有相同情形，法院判決中，絕大部分都是使用「所明定[10]」。

㈢解釋法律常用的連接詞

除援引法律外，當然必須就法律為解釋，此時可用的連接詞有：「即」、「可知」、「準此」、「從而」、「是」等。

一般來說，「即」、「從而」語意上有引申的意思，至「簡言之」、「另言之」、「換言之」，則有重複的意思，其間語意可簡單區別如下：

即	引申	依 A 規定，即 B 解釋，故 D 主張可採。

9　如以「訂有明文」為關鍵字，檢索司法院網站「法學資料全文檢索」中最高法院裁判部分，僅有少數裁判載有「訂有明文」，且其中部分更係出於當事人主張部分。

10　其情形與前註相同。

從而	引申	依 A 規定，B 解釋，從而 C 解釋，故 D 主張可採。
簡言之	重複	依 A 規定，B 解釋，簡言之，b 解釋，故 D 主張可採。
換言之	重複	依 A 規定，B 解釋，換言之，b 解釋，故 D 主張可採。

即使真正的意思係為引申解釋（如下所示），還是容易令人誤以為僅在重複解釋，如果因此 C 解釋被忽略，就太冤枉了：

簡言之	真意為引申	依 A 規定，B 解釋，簡言之，C 解釋，故 D 主張可採。
另言之	真意為引申	依 A 規定，B 解釋，另言之，C 解釋，故 D 主張可採。
換言之	真意為引申	依 A 規定，B 解釋，換言之，C 解釋，故 D 主張可採。

從而，欲為引申解釋時，最好不要用「簡言之」、「另言之」、「換言之」，因此等用語「重複」的意味大於「解釋」的意味，似乎表示：「以下說明並非必要，可看可不看」、「如果法官您看法條規定後還不清楚，我再重複說明一次」。

雖然「簡言之」、「另言之」、「換言之」等最好不要用在引申解釋時，但可用在單純解釋時，亦即如下表所示：

簡言之	單純解釋	A 規定，簡言之，B 解釋，故 D 主張可採。
另言之	單純解釋	A 規定，另言之，B 解釋，故 D 主張可採。
換言之	單純解釋	A 規定，換言之，B 解釋，故 D 主張可採。

不過，由於「即」、「是」等連接詞，較「簡言之」、「另言之」、「換言之」為簡潔，其後亦無須加逗號，建議還是多使用「即」、「是」等，偶爾穿插「簡言之」、「另言之」、「換言之」，以免用詞過於單調。

㈣綦 詳[11]

在引用文書或原審判決時，法院判決中常可見到「說明綦詳」或「業經載明綦詳」，另外，在表示證人證詞業已完備，亦可表示「業經證人證述綦詳」。

五. 解釋的用語

法律解釋的一般方法可分為：文義解釋、歷史解釋、體系解釋及目的解釋，或分為文義解釋、論理解釋，這些解釋方法的內容，自無庸贅述，以下說明重點在於律師如何於文書「表達」其法律解釋。

須注意者，在判例或學說上，就部分法條或情形已為法律解釋，如引用含有法律解釋的判例或學說，仍僅是引用依據，並非為解釋。真正的挑戰，在於在沒有任何裁判、學說或資料的情形下[12]，依法律解釋原則為解釋。

㈠文義解釋

文義解釋的目的，在於法律（或其他依據）規定不明確時，依法條文字的用語及通常使用方式為解釋，使得三段論法中大前提與小前提間建立直接、連貫及清楚的論理關係。

---

[11] 綦詳，綦者，極、甚也。蘇軾，禮義信足以成德論：「綦大而至天子，綦小而至農夫，各有其分不可亂也。」

[12] 雖然目前已有諸多判例、學說可供參考，司法院網站更提供無數的裁判供檢索，然而，很多時候，律師所遇到的問題或所依據的法條，是完全沒有任何先例、資料或解釋可參考的，從而，依專業的法律訓練，依其所信為法律解釋，為律師日常業務中非常重要的工作。

大前提		小前提	結　論
法律（或其他依據）	文義解釋	主張的事實	主張的結論
合約第 11 條：「實施驗收時，如發現工程與規格不符，甲方並得動用乙方未領之工程款逕行辦理，乙方不得異議」。	所謂未領工程款，包括材料、人工、運輸及管理等所有工程款	因工程與規格不符，甲方扣除乙方未領之管理費用另行雇工	甲方符合契約第 11 條規定

　　就文義解釋的範圍及限制，學說上已有甚多的討論，就文書實務言，關於文義解釋最重要的問題，在於何時應為文義解釋？如何為有效的文義解釋？

1 常見的文義解釋，有時為贅文的代名詞

　　文義解釋是最基本，也是最難的法律解釋方法，亦是最難表達（或取捨）的解釋方法。因為：所謂文義解釋，即依法條文字的用語及通常使用方式，以確定其意義的解釋方法。既謂「用語」及「通常」，可知：對法律系學生言，文義解釋是認識法律的基礎，但對司法實務界人士言，文義解釋（尤其狹義的文義解釋），有時僅是贅文的代名詞。

　　因此，如非必要，應儘量減少使用文義解釋，使用文義解釋的時機，應限於特定爭點（而非全部構成要件）、限於特別規定（而非全部規定）、限於罕見法令（而非常用法令）。

　　或可以這樣說：在準備國家考試時所念過的文義解釋，在司法實務上通常可考慮是否省略。

　　魯迅在其〈論八股文[13]〉中有一段反諷的駢文：「天地乃宇宙之乾坤，

---

[13] 出自魯迅，看雲集。

吾心實中懷之在抱，久矣夫千百年來已非一日矣，溯往事以追維，曷勿考
記載而誦詩書之典要」，可供參考。

2 完整的文義解釋，不適用於司法實務文書

文義解釋應儘量精簡，最好不要超過法條文字，否則法條寫了五行，
解釋寫了七、八行，事實及結論又各寫了五行，一個爭點或主張就幾乎用
完一頁書狀[14]，頁數即很難控制，更喪失了解釋的重點及目的。

要為精簡的文義解釋，必須瞭解，司法實務文書並非教科書或學術論
文，文義解釋不應將全部法條為逐字逐句的解釋，而應僅就必要部分為解
釋，文義解釋後，該解釋應要有提醒重點及限縮爭點的效果[15]。

如果逐字逐句為解釋，浪費篇幅事小、忽略重點事小，若因此產生新
的爭點，甚至有利於對造，就得不償失了。

另一種文義解釋，是如學術論文般，列出各種可能解釋，並一一討論
取捨，惟此種大費周章的文義解釋，很多時候是沒有必要的[16]，有時甚至
會發生提醒的反效果[17]，自應特別注意。

---

[14] 尤其在全形數字及符號一、（一）(1) 為編號時，因為編號依次縮排的關係，有時縮排的
空白即占了三分之一（甚至二分之一），一頁書狀幾乎寫不到多少內容。請參見第 113
頁，範例 22。

[15] 就此，可參考最高法院 67 年台上字第 2938 號判例：「民法第 511 條係規定『工作未完
成前，定作人得隨時終止契約，但應賠償承攬人因契約終止而生之損害』。可知終止契約
與賠償損害各為一事，原審解為須定作人對承攬人賠償損害後始得終止契約，自非的
論。」

[16] 必要的情形，例如對造、法院已「明確」表示另一解釋時，而有必要逐一論述時。

[17] 在對造、法院未「明確」表示不同解釋前，即使發現其他資料（例如學說、各級法院判
決），有不同的看法或解釋，仍沒有先為一一論述的必要。

3 文義解釋，應建立直接、連貫、清楚的論理關係

文義解釋的目的，是為了建立大前提（依據）與小前提（主張的事實）間直接、連貫及清楚的論理關係，所謂「直接」、「連貫」的關係，亦即經文義解釋後，依據及主張的事實間，並無文義或論理的欠缺。

如以之前所提：合約第11條：「實施驗收時，如發現工程與規格不符，甲方並得動用乙方未領之工程款逕行辦理，乙方不得異議」。其中的「未領之工程款逕行辦理」為例，有如下幾種文義解釋：

倘動用的為「保留款」	所謂未領之工程款，係包括材料、人工、運輸及管理等所有未領工程款。	不適當
	所謂未領之工程款，係包括材料、人工、運輸及管理等所有未領工程款，及未領的各期估驗款及保留款。	不適當
	所謂未領之工程款，係包括未領的各期估驗款及保留款等所有工程款。	適　當
倘動用未領的「材料款」	所謂未領之工程款，係包括材料、人工、運輸及管理等所有未領的工程款。	適　當
	所謂未領之工程款，係包括未領的各期估驗款及保留款等所有工程款。	不適當

另外，文義解釋的目的，是為了建立清楚的論理關係，因此，文義解釋的句型及用語，自然要儘量對應主張的事實的句型或用語。

4 引用原文後再為文義解釋，不如直接改寫內容或引用意旨

不必要的文義解釋，通常發生在引用法條（尤其實體或程序的構成要件時）、判例時，有時直接引用法條或判例的文字後，因其文字與前、後文

並不連貫，或其中有準用、參照其他條項規定，故為行文方便及完整，而就法條或判例文義解釋。為便於說明，請比較下面的兩個範例：

範例9

按「假扣押裁定因自始不當而撤銷，或因第五百二十九條第四項及第五百三十條第三項之規定而撤銷者，債權人應賠償債務人因假扣押或供擔保所受之損害」，民事訴訟法第 531 條定有明文。另依同法第 529 條第 1 項、第 4 項規定：「本案尚未繫屬者，命假扣押之法院應依債務人聲請，命債權人於一定期間內起訴」、「債權人不於第一項期間內起訴或未遵守前項規定者，債務人得聲請命假扣押之法院撤銷假扣押裁定」，可知：債權人如不於期限內起訴者，債務人不僅得聲請法院撤銷假扣押裁定，債權人並應賠償債務人因假扣押或供擔保所受之損害。

範例10

按假扣押裁定本案尚未繫屬者，法院應命債權人為一定期間內起訴，債權人不於期間內起訴者，債務人得聲請法院撤銷假扣押裁定，債權人並應賠償債務人因假扣押或供擔保所受之損害，民事訴訟法第 529 條、第 531 條分別定有明文。

可以發現，如果文義解釋的目的，僅係為行文便利或連貫，會造成枝蔓龐雜，不如改寫條文內容或引用條文意旨，而不直接引用條文文字，以達到精簡文字的目的。此種用法，俯拾皆是，於法院判決中非常普遍，法院在引用判例時，亦有相同情形，法院常改寫判例內容或引用判例要旨[18]。

---

[18] 當然，收到的書狀或判決中，如發現有引用條文或判例要旨的情形，除可確定要旨確與原文相符者外，最好應查閱原文，以確定要旨是否與原文相符。

關於文義解釋的重點，可歸納如下：

⑴常見的文義解釋，有時為贅文的代名詞。

⑵完整的文義解釋，不當然適用於實務文書。

⑶最少的文義解釋，才能發揮最大的效果。

⑷最好的文義解釋，是不超過法條文字的解釋。

⑸文義解釋的結果，應是限縮爭點，而非產生新的爭點。

⑹文義解釋的句型及用語，要對應主張的事實的句型或用語。

⑺引用原文後再為文義解釋，不如直接改寫內容或引用意旨。

㈡歷史解釋

對於法律為歷史解釋，即探詢立法者當時意旨及理由，在實務上並非少見，尤其在法律修正的情形，對照前後法條及引用修正理由為歷史解釋，可增加不少的說服力。

近年來，由於科技及資訊的進步，查詢立法理由及立法紀錄已經非常方便[19]，對於歷史解釋有甚大的助益。然而，即便可線上查閱及列印立法（修正）理由及立法（修正）紀錄，此等資料究竟並非一般的判決或教科書，仍屬不容易取得的資料，因此，在引用立法理由及紀錄為歷史解釋時，宜將該等立法理由或紀錄列為證物，如有必要，亦應考慮製作沿革表或對照表[20]。

對法律為歷史解釋，因必須討論沿革及對照，似乎很難精簡，為清楚表達主張及其重點，除沿革表或對照表外，運用次標題及強調字體，也可

---

[19] 立法院網站「立法院法律系統」，收錄由立法院制定、修正或廢止法律之條文內容，並提供自民國 59 年以來法律修正前之條文、立法理由及立法紀錄，可節省相當交通、查詢、影印的時間。

[20] 其格式可參考立法院公報所列修正理由表。

以達到相當效果。

須再次強調的是，歷史解釋不是論文中的背景說明或立法沿革，解釋的重點，仍應限於必要的部分，切勿離題。

㈢體系解釋

所謂體系解釋，係依據法條相互之間的關聯性去做解釋。

對法律為體系解釋，與歷史解釋同，為清楚表達主張及其重點，亦應考慮使用對照表、次標題或強調字體，以達到強調的效果。

關於體系解釋，請參考最高法院 91 年台上字第 6130 號判決：「又行政程序法第 2 條第 3 項雖規定，受委託行使公權力之個人或團體，於委託範圍內，視為行政機關。惟依同法第 1 條、第 3 條規定，該法係在規範行政機關為行政行為時，除法律另有規定外，應依行政程序法規定，遵循公正、公開與民主之程序，確保依法行政之原則，以保障人民權益，提高行政效能，增進人民對行政之信賴。從而所謂『受委託行使公權力之個人或團體，於委託範圍內，視為行政機關』，旨在規範該受託人於辦理受託事項，而為行政行為時，亦視為行政機關，同受行政程序法之拘束，應遵循該法所規定之程序，以確保依法行政之原則；並非謂該受託人即為刑法上之公務員。再者，行政程序法僅單純規定行政程序事項，屬於行政法之範圍，與刑法分屬不同之體系，自非刑法之特別法。」

㈣目的（擴張或限縮）解釋

目的解釋，即依規範目的調整（擴張或限縮）文義的範圍。與文義解釋相同，目的解釋亦係為建立大前提（依據）與小前提（主張的事實）間直接、連貫及清楚的論理關係，差別在於：文義解釋與法條（依據）間，

是對等的關係；目的解釋與法條（依據）間，是擴張或限縮的關係。

目的解釋，亦為實務常見的解釋方法，但「目的解釋」一語，出現的頻率並不高，通常直接以擴張解釋或限縮解釋表示。其中，限縮解釋較擴張解釋更為常見，其原因或擴張解釋與類推適用的區別並不明顯，有時在擴張解釋時，常以「解釋上應包括[21]」、「依法律規範目的[22]」的用語取代。

目的解釋，既係調整文義的範圍，最好仍以精簡為原則，目的解釋如未能精簡，與文義解釋同，容易有反效果出現。目的解釋也與文義解釋一樣，目的解釋後，該解釋應要有提醒重點及限縮爭點的效果，而非製造其他爭點。

如前所述，法源（或依據）並不限於法律條文，並包括契約及習慣等，對於契約應如何為目的解釋，最高法院前著有 88 年台上字第 1671 號判

---

[21] 參照最高法院 83 年台上字第 1345 號判決：「按抵押物雖滅失，然有確實之賠償義務人者，依民法第 881 條之規定，該抵押權即移存於得受之賠償金之上，而不失其存在，此即所謂抵押權之代物擔保性。又保險金既為賠償金之一種，而民法上述規定所稱之賠償金，並未設有任何限制，無論其係依法律規定取得，或依契約取得，均不失其為賠償金之性質，故保險金解釋上應包括在內。賠償金既為抵押權效力所及，抵押權人自得就該項賠償金行使權利，是以抵押權人得逕向賠償義務人請求給付，賠償義務人則有對抵押權人給付之義務。」

[22] 參照最高法院 86 年台上字第 3360 號判決：「按物之出賣人，對於買受人應擔保其物依民法第 373 條之規定危險移轉於買受人時，無滅失或減少其價值之瑕疵，亦無滅失或減少其通常效用，或契約預定效用之瑕疵。但減少之程度無關重要者，不得視為瑕疵。出賣人並應擔保其物於危險移轉時，具有其所保證之品質，民法第 354 條定有明文。其規定以危險移轉作為判斷買賣標的物是否具有瑕疵之準據時點之理由有二：㈠使出賣人對契約成立後所發生之瑕疵，亦應負責。㈡使出賣人於危險移轉前，仍得除去物之瑕疵。故依法律規範目的，物之瑕疵不能修補者，應認買受人在危險移轉前即得行使擔保請求權」；及最高法院 86 年台上字第 2398 號判決：「出賣人有給付無瑕疵物之義務，故在危險移轉前，買受人亦有拒絕受領瑕疵物之權利。依法律之規範目的，物之瑕疵不能修補，或雖能修補而出賣人表示不願為之者，應認為在危險移轉前買受人即得行使擔保請求權。」

決[23]，對於契約解釋之解釋方法，有非常詳細的說明，請自行參閱。

六. 依據的省略

當然，在某些情形下，依據是可以省略的，例如：常見的構成要件、請求權基礎或經驗法則者，對法官、檢察官來說是非常清楚的，自然可以考慮省略；當然，如果文書的相對人亦受過法律訓練（如公司法務經理、法制公務員），亦可視情況考慮是否省略。以下為省略依據的書狀範例[24]：

範例 11

　　原告與被告係於民國○○年○月○日結婚，婚後夫妻感情初尚融洽，育有子女○○○。不料被告竟於○○年○月○日離家出走，經原告四處尋找未獲，乃訴請　貴院以○○年○度家訴字第○○○號判決命被告履行與原告同居之義務確定。但被告仍未履行同居，顯係惡意遺棄在繼續狀態中。

---

[23] 最高法院 88 年台上字第 1671 號判決：「解釋意思表示應探求當事人之真意，不得拘泥於所用之辭句，民法第 98 條定有明文。意思表示不明確，使之明確，屬意思表示之解釋；意思表示不完備，使之完備，屬意思表示之補充。前者可減少爭議，後者可使意思表示之無效減至最低程度。意思表示解釋之客體，為依表示行為所表示於外部之意思，而非其內心之意思。當事人為意思表示時，格於表達力之不足及差異，恆須加以闡釋，至其內心之意思，既未形之於外，尚無從加以揣摩。故在解釋有對話人之意思表示時，應以在對話人得了解之情事為範圍，表意人所為表示行為之言語、文字或舉動，如無特別情事，應以交易上應有之意義而為解釋，如以與交易慣行不同之意思為解釋時，限於對話人知其情事或可得而知，否則仍不能逸出交易慣行的意義。解釋意思表示端在探求表意人為意思表示之目的性及法律行為之和諧性，解釋契約尤須斟酌交易上之習慣及經濟目的，依誠信原則而為之。關於法律行為之解釋方法，應以當事人所欲達到之目的、習慣、任意法規及誠信原則為標準，合理解釋之，其中應將目的列為最先，習慣次之，任意法規又次之，誠信原則始終介於其間以修正或補足之。」

[24] 此範例引自法務部全國法規資料庫網站。

> 被告存心拋夫棄子，行方不明，顯無接受調解之希望，特此陳明。故原告自得逕行提起本件訴訟，請判決如訴之聲明。

須注意者，雖然司法院或法務部所提供的書狀範例中，甚多範例並未明確表示或引用法律上依據，惟書狀範例係基於便民的目的，對律師而言，自不能以此為標準。

省略依據，可分為兩種類型：一為省略依據內容的一部或全部，而以條項次（如：民法第 184 條）或名稱（如：誠信原則）註明；另一則為完全省略，完全不表明其依據。

可省略依據內容的一部或全部的情形，可分為下面幾種情形：

1. 基本構成要件及請求權基礎，可以僅寫明條次或名稱。

2. 同一文書中，前已引用過的法條（或依據）。

3. 後續補充理由的文書，前已多次表明的法條（或依據），可僅註明條項次。

4. 對造已引用過，或為雙方重要爭點的法條（或依據），可以考慮省略，而僅寫明條項次。

5. 眾所周知的依據或經驗法則、證據原則。

6. 法律人所應周知的依據，例如誠信原則、情事變更原則。

在下面情形，則建議不要省略依據的內容，或僅以條項次或名稱註明：

1. 如分段論述構成要件，應以各構成要件為標題[25]。

---

[25] 例如依民事訴訟法第 532 條規定聲請假處分，除第 1 項：「債權人就金錢請求以外之請求，欲保全強制執行者，得聲請假處分」規定外，第 2 項：「假處分，非因請求標的之現狀變更，有日後不能強制執行，或甚難執行之虞者，不得為之」，亦屬構成要件的規定，此時，與其引用條文全部內容，不如分段論述構成要件，而以各構成要件為標題，即：㈠本件為金錢請求以外之請求；㈡本件有保全強制執行之必要；㈢本件請求標的之現狀變更，有日後不能強制執行之虞；等等。當然，亦可另加上：㈣建議假處分之方法；及

2.引用部分內容，以強調主張確實符合條文（或依據）。

3.非常見的條文（或依據），即使前一書狀或前一段落已引用，宜再次引用部分（甚至全部）。

4.依據如為契約條文或事實，最好不要輕易省略。

5.主張對造錯誤引用依據時。

6.強調對造斷章取義、曲解法條時。

至於完全省略而不表明依據的情形，可分為下面幾種情形：

1.眾所周知的事實。

2.眾所周知的經驗法則[26]。

另外一種省略的情況，是無法確定、不確定依據下的省略，此種省略（或欠缺）通常不會發生預期的結果，因為，法官或對造律師亦受有專業的法律訓練，對於欠缺依據或論理的主張，通常可以輕易發現及辨明，如果以對造書狀並未反駁，法院並未要求補正，即認可以任意省略、忽略依據，即有可能會收到意外的敗訴判決。

㈤擔保金等主張。

[26] 例如利害關係人、親屬之證詞可能偏頗的經驗法則（但常被視為證據法則）。在書狀上常可見到：「證人既為原告配偶，亦有利害關係，其證詞自不可採」。

4 基本原則㈢──簡要慎重

關於主張，可用「簡」、「要」、「慎」、「重」，亦即「簡單」、「簡要」、「慎言」、「重勢」四個原則來說明。

一. 簡 單

華麗的文字，複雜的句型，僅能加深印象，不能辨別是非。越簡單的論述，越能凸顯論理。

另一個主張必須簡單的理由，是基於現實的考量，任何人都不喜歡長篇累牘，除了當事人「可能[1]」覺得你是位認真的律師外，冗長繁瑣的文字，僅會使原本強而有力的主張或證據，埋沒在詞藻情感間。

在我國，裁判書類通俗化的工作，業已進行相當的時間[2]，專業工作者使用艱澀、專業的詞句，非僅限於我國，亦非僅限於法律界，其中涉及教育、習慣甚至意識等諸多問題，自非本書所欲討論的重點。

除了司法書類通俗化的要求以外，使用簡單的字句，對律師而言，有甚多的實益：

---

[1] 前提是：當事人有耐心，且看得懂。

[2] 司法院於 86 年 11 月成立裁判書類通俗化研究小組，邀請各審級法官、學者、律師、社會人士參與，研議如何讓裁判書通俗易懂，方便訴訟當事人及一般民眾閱讀。

1. 簡單的字句，才能彰顯主張與事實。

2. 簡單的字句，可以節省相當撰擬、修飾的時間，相對增加準備、思考甚至個人休息的時間。

3. 簡單的字句，文義較為精確，較不容易發生誤解文義、模糊不清的情形。

4. 簡單的字句，容易建立與當事人間的信賴關係[3]。

5. 簡單的字句，可以提高法院審閱的意願，減少被草瞥忽視的風險，書狀一旦被認為僅是字句的堆砌，即可能影響後續所有的書狀及程序。

至於艱澀複雜字句，除了表現個人的國學程度及寫作能力外，似無確切的實益可言。

或以為，於答辯狀、回覆警告信函使用艱澀複雜字句，可達到敷衍、拖延、模糊焦點等目的。不過，筆者以為，這些的策略目的，仍應透過簡單的字句來表示，以隱藏策略目的或真正意圖；然而，艱澀複雜的字句，相對人雖難理解其文義，惟其形式及意圖甚為明顯，適得其反。

也有人以為，於我方當事人所執理由並不堅強時，可利用艱澀複雜字句，使法院無法輕易下判決，達到拖延訴訟的目的。只是，如果仔細思考，不論無法瞭解「理由」，抑或無法瞭解「字義」，對法院言，都是主張無理由，對造律師即使無法理解這些艱澀複雜字句，仍可逕為主張，對訴訟進度及結果，並無明顯的影響。況且，與其花時間推敲潤飾字句，不如再好好思考理由及檢索事證。

---

[3] 複雜難懂的文書或書狀，使得當事人僅得以案件或訴訟的成敗來評判律師，簡單易懂的文書或書狀，可建立律師與當事人間的溝通管道（尤其無暇或不習慣撰擬開庭報告或進度報告時）。

關於字句的簡單化，表現在簡單的文字及簡單的句型兩方面：

㈠簡單的文字

我國法制承襲德、日，法律專有名詞係翻譯而來，且因立法時以文言為體，則又要引用法條判例，又要避免文白夾雜，要達到真正通俗易懂[4]，或要完全使用白話文，實非易事。

如果先不考慮司法書類通俗化的要求，對律師而言，簡單文字的準則，即是：

1.避免使用判決書上少見的用語。

2.避免使用少見或少數翻譯的專有名詞。

3.減少修飾用語。

4.刪除不必要的贅詞。

5.有替代詞句時，使用簡單的詞句。

當然，判決書（尤其早期的判決）時有艱深冷僻的用語，看到這些用語時，感佩法官的國學素養就好了，不必摹擬仿效，使用判決書常見的用語，即足以應付所有類型的文書了。

有時使用專有名詞，固然可以節省不少時間，並可精確表達主張。但如使用不常見或是冷僻的專有名詞，倘法院或文書相對人無暇查閱定義，或誤以為瞭解定義，即有可能誤導，或是逕為忽略，與其如此，不如按部就班為說明。於顯示法學素養與避免無謂的風險間，自然後者較為重要。

學說上的專有名詞，各家的翻譯不一，使用翻譯的專有名詞時，更應注意此翻譯是否為獨特的翻譯？是否有較易瞭解的翻譯？即使法院或文書

---

4 尤其所謂簡單易懂，是相對且不確定的概念，某些文字用語，對於法律人簡單易懂，對於一般人來說則艱深難懂，此應為所有執業律師都有的經驗。

相對人願意花時間查閱定義，但與其讓法院花時間去查閱定義，不如讓法院多花些時間在審閱及思考。

以下為一些可考慮刪除或替換的詞句，各位也可再想想有無更好的表達方式：

原　文	建　議	說　明
顯然係	顯係	
顯然未	顯未	
實與本件之事實不符	顯與事實不符	「本件」為常見的贅詞
於原告為贈與行為之時	於原告為贈與時	「行為」、「之」為贅詞
原審判決顯然係專擅武斷	原審判決顯係擅斷	
上訴人認原審顯然對本件認事用法，多有違誤	原審認事用法，顯有違誤	「上訴人認」為贅詞
就此問題，實務判決間曾有諸多不同的見解	就此，實務上有不同見解	
甚多[5]最高法院判例為相同解釋	迭經最高法院著成判例	

㈡簡單的句型

就筆者來看，複雜迂迴的句型，可能較艱澀的字句更令人詬病，由於教育普及，一般人民面對艱澀的字句用語，或多或少還可以猜測其含意，但遇到複雜迂迴的句型，例如「自非不得否認該證據不存在」、「要難謂非可遽為否定此可能」，連肯定或否定都搞不清楚。

5　最高法院還不至於有「甚多」「判例」為同一解釋，類似情形，有時明明也只能找到一、兩個判決，常誇大為「向為實務所共認」。

對法律人言，已習於複雜迂迴的句型，看慢一些或頂多再看幾次即可瞭解其意義。但要注意的是，「多看幾次」，只能發生在律師「奉接」法院判決時，學生「拜讀」教授著作時，也就是說，只有法院及教授才可以用複雜迂迴的句型。基於律師的角色，律師沒有選用複雜迂迴句型的自由。

律師文書的句型，其實就只是「因為，所以」及三段論法的變化，就關於適用法律的結論的類型來看：

適用法律	句 型	範 例[6]
積極結論	按 [依據]，查 [主張[7]]，故 [結論]	按約定之違約金過高者，法院得減至相當之數額，民法第 252 條定有明文， 查本件兩造約定違約金高達每日一萬元，相較於合約金額僅一百萬元，顯然過高， 故被告自得請求酌減違約金。
	查 [主張]，依 [依據]，故 [結論]	查本件合約金額僅一百萬元，惟逾期罰金竟高達每日一萬元， 則依民法第 252 條規定， 被告自得請求酌減違約金。
消極結論	按 [依據]，查 [主張]，故 [結論]	按約定之違約金是否過高，應就債務人若能如期履行債務時，債權人可得享受之一切利益為衡量之標準，而非以僅約定一日之違約金額若干為衡量之標準，最高法院前著有 51 年台上字第 19 號判例。 查被告主張本件違約金應予酌減，僅以每日違約金金額為據，無視原告所受鉅額損害， 故被告請求違約金，於法並無理由，並與最高法院 51 年台上字第 19 號判例有違。

---

[6] 為使論理連貫，通常並不分段，惟為便於區別，故以下範例將依據、主張及結論予以分段。

[7] 指小前提中的主張的事實，可能為對造或我方的主張，以下同。

適用法律	句　型	範　例
	查 [主張]，惟依 [依據]，故 [結論]	查被告雖以每日違約金之金額為據，主張本件違約金應予酌減云云， 惟依最高法院 51 年台上字第 19 號判例：「按約定之違約金是否過高，應就債務人若能如期履行債務時，債權人可得享受之一切利益為衡量之標準，而非以僅約定一日之違約金額若干為衡量之標準」，可知違約金是否過高，不得僅以每日違約金之金額為據， 故被告徒以每日違約金額為據，請求酌減違約金，於法顯無可採。

下面係有關認定事實的結論：

	句　型	範　例[8]
積極結論	按 [依據]，查 [主張]，故 [結論]	按……，……定有明文， 查……既……，從而，……自應……， 是本件請求符合……規定，至為灼然。
	查 [主張]，依 [依據]，故 [結論]	查……， 則依……規定， 自應認……。
消極結論	按 [依據]，查 [主張]，故 [結論]	按……，合約第……條定有明文。 查……雖主張……云云，惟依前揭……規定，可知……， 迺……不見及此，竟謂……，顯不符合約第……條規定。
	查 [主張]，惟依 [依據]，故 [結論]	查……雖稱……云云， 惟依證人……證詞，可知……， 足證……所稱，顯與事實不符。

8　為便於區別，故亦予以分段。

為便於參考可使用的連接詞及用語，將前表的內容部分省略：

句　型	範　例[9]
積極結論 按[依據]，查[主張]，故[結論]	按……，……定有明文， 查本件……，顯然……， 故……自得請求……。
	按……，……定有明文， 查……既……，從而，……自應……， 是本件請求符合……規定，至為灼然。
查[主張]，依[依據]，故[結論]	查……，惟……竟……， 則依……規定， 自得請求……。
	查……， 則依……規定， 自應認……。
消極結論 按[依據]，查[主張]，故[結論]	按……，最高法院前著有……判例。 查……主張……，無視……， 是……，於法並無理由，並與最高法院……判例有違。
	按……，合約第……條定有明文。 查……雖主張……云云，惟依前揭……規定，可知……， 迺……不見及此，竟謂……，顯不符合約第……條規定。
查[主張]，惟依[依據]，故[結論]	查……雖以……為據，主張……云云， 惟依最高法院……判例：「……」，可知……，不得僅以……為據， 是……徒以……為據，請求……，於法顯無可採。
	查……雖稱……云云， 惟依證人……證詞，可知……， 足證……所稱，顯與事實不符。

9　為便於區別，故亦予以分段。

	句　型	範　例
		至……雖辯稱……， 惟觀諸……，實係……， 迺…竟空言……，顯無契約上或法律上依據， 並無可採。

　　隨著執業經驗的增加，律師為上述各種類型的主張時，不僅有自己的習慣用語，甚至此種單純的句型，已不符需要，而需要更複雜的句型，但不論如何複雜的句型，還是可以看到三段論法的架構。

　　用比較刻薄的比喻，沒有「依據」，沒有「結論」，只有「主張」的文書或訴狀，和記敘文沒有多大區別，有時甚至是抒情文。

二. 簡　要

　　律師文書所以難寫，是因為每個律師無不雄辭閎辯、才氣縱橫，下筆不能自休，信手拈來即是創意，隨筆一揮即是文章。

　　在爭訟或法律事件中，少有單一事實或爭點，重疊、預備的主張，更是隨處可見，但無論如何，眾多的事實、爭點或主張間，仍有相對的輕重緩急，簡要的字句及段落，除了便利審閱外，另一重要的目的，在於凸顯最重要的事實、爭點或主張，如果通篇文字都是富麗堂皇的詞藻，公平正義散布各處，所造成的效果，用比較好的比喻，是如入芝蘭之室，久而不聞其香[10]……。

　　須說明者，簡要的目的，在於清楚明白表達主張，減少廢句冗詞，而

---

[10] 孔子家語・卷四・六本：「與善人居，如入芝蘭之室，久而不聞其香，即與之化矣；與不善人居，如入鮑魚之肆，久而不聞其臭，亦與之化矣。丹之所藏者赤，漆之所藏者黑，是以君子必須其所與處者焉。」

不是單調乏味，適當妥適的修飾，生動深刻的文意，仍然是必要的。

　　不過，如果文質[11]無法兼備，寧可簡要，摒棄冗言，辭達而已矣[12]，梁啟超《湖南時務學堂學約》中說：「學者以覺天下為任，則文未能舍棄也。傳世之文，或務淵懿古茂，或務沉博絕麗，或務瑰奇奧詭，無之不可；覺世之文，則辭達而已矣，當以條理細備、詞筆銳達為上，不必求工也。」

㈠簡要的字句

　　律師不是作家，不是靠字數計算稿費，即使按時計酬的律師，字數多寡也和律師費用沒有關係（雖然此點經常被誤會），既然如此，為何律師文章常常被評為裹腳布[13]？其原因在於「不安」，怕說明不夠具體，怕論理不夠完整，怕重點不夠強調，以致常常一個句子，可能在一行半以後才找到一個逗號。

　　當然，於引用專有名詞（例如「善良管理人之注意」、「債務不履行的損害賠償責任」）及說明特定的時、地、物（例如法條條號[14]、地號、行政機關公文文號、法院判決字號[15]等）時，其字數多寡及句子長短，自然並

---

[11] 文采和本質。論語・雍也：「質勝文則野，文勝質則史。文質彬彬，然後君子。」

[12] 語出論語・衛靈公。何晏集解：「辭達，則足矣，不煩文豔之辭。」

[13] 除了歇後語以外，毛澤東在 1942 年 2 月 8 日「反對黨八股」的演講中也曾用裹腳布形容冗長的文章，特節錄在後：「黨八股的第一條罪狀是：空話連篇，言之無物。我們有些同志歡喜寫長文章，但是沒有什麼內容，真是『懶婆娘的裹腳，又長又臭』。為什麼一定要寫得那麼長，又那麼空空洞洞的呢？只有一種解釋，就是下決心不要群眾看。因為長而且空，群眾見了就搖頭，哪裡還肯看下去呢？只好去欺負幼稚的人，在他們中間散布壞影響，造成壞習慣。」

[14] 依法律統一用字表（詳見附錄），法律條文中之序數不用大寫，另依中央法規標準法第 8 條規定：「法規條文應分條直行書寫，冠以『第某條』字樣，並得分為項、款、目。」「項不冠數字，空二字書寫，款冠以一、二、三等數字，目冠以㈠、㈡、㈢等數字，並應加具標點符號。」

[15] 有些時候，例如地號或文號，可以用半形阿拉伯數字代替全形的國字，以節省版面，但

非律師所能控制，在具體的要求下，當然無可厚非。以下為在文書的本文[16]中可以考慮簡略的一些建議：

原　文	建　議	說　明
臺北地方法院	臺北地院	
行政院國軍退除役官兵輔導委員會	退輔會	行政機關可用簡銜 亦可用（以下簡稱「退輔會」）
中華民國 112 年 2 月 14 日	民國（下同）112 年 2 月 14 日	多利用（下同）以求簡潔
臺中市豐原地政事務所 112 年 3 月 28 日豐地四字第一〇一〇〇三二八〇號函	豐原地政事務所豐地四字第 112003280 函 豐原地政事務所 112 年 3 月 28 日函	發文號可用阿拉伯數字，發文日期、發文號可視情形擇一省略

半形阿拉伯數字較全形數字美觀，雖然這是筆者觀點，不過，半形較省空間則是事實，如用全形數字，可能一個行政機關公文就用掉一行，建議善用半形阿拉伯數字。

至於簡短的字句，會有論理不夠完整的顧慮，則有待考量。蓋論理是否完整，在於依據、證據及理由是否完整，並非靠字句的長短來決定，完整的論理，或可能造成長篇大論；但長篇大論，並不能形成完整的論理，其間關係，實值得深思。

另外，就較長的字句可以達到強調效果乙點，亦有待商榷，動輒數頁的主張固然提醒爭點的重要，但亦可能造成輕忽或不耐。事實上，簡要的字句，仍然可以達到強調的效果，甚至利用「引號」、變換字體、圖表、加

法院判決字號，習慣上仍用小寫國字。

[16] 至於本文以外，例如首頁稱謂欄、證物欄等，則應該完整記載。

底線或強調標設[17]等方式，亦可以達到強調的效果。如前所述，律師文書的目的既然是說服法院接受我方的證據或主張，說服法院否定對方的證據或主張，因此與其讓法院花時間去審閱文書，不如讓法院多花些時間在思考及接受說服。

至於如何達到簡要不蕪的字句，只有靠「能捨」，魯迅曾經列舉八點創作文章的規則，其中一點「寫完後至少看兩遍，竭力將可有可無的字、句、段刪去，毫不可惜。寧可將可作小說的材料縮成速寫，決不將速寫材料拉成小說[18]」。

至於簡要的標準，即是使用最少的字句，表達出最多或最完整的意思，用三個字能夠說明的，不用四個字，一句話能夠說明的，絕不用二句話。

前已述及，最好儘量少用「簡言之」、「另言之」、「換言之」，因此等用語「重複」的意味大於「解釋」的意味，帶有「非必要」或「次要」的暗示。

在主張時使用這些帶有重複意思的用語，更須注意是否為冗詞廢句，經常可以看到下面的用法：

簡言之	重複主張	A 規定，查原告主張 B，簡言之，即主張 C，故原告主張可採
另言之	重複主張	A 規定，查原告主張 B，另言之，即主張 C，故原告主張可採
換言之	重複主張	A 規定，查原告主張 B，換言之，即主張 C，故原告主張可採

---

[17] 「強調標設」為 Microsoft Word 字型格式的用語，例如「強調標設」，須注意者，如果書狀印有格線，使用加底線或強調標設，因與書狀的格線相衝突，並不能達到強調的效果。

[18] 原文為：「四、寫完後至少看兩遍，竭力將可有可無的字、句、段刪去，毫不可惜。寧可將可作小說的材料縮成 Sketch，決不將 Sketch 材料拉成小說」，參魯迅，二心集・答北斗雜誌社問。另其他幾點也可參考：「一、留心各樣的事情，多看看，不看到一點就寫」、「二、寫不出的時候不硬寫」、「六、不生造除自己以外，誰也不懂的形容詞之類」。

尤其如果主張 B 寫了 50 字，主張 C 也寫了 40 字（甚至 50 字），還能稱得上「簡言之」？

事實上，由於其語意即表示：主張 B＝主張 C，B 或 C 其中之一主張，即因重複而不需要，主張 B 或主張 C 省略其一並不影響論理，亦即上面三段的語意或論理均是「A 規定，查原告主張 B（或主張 C），故原告主張可採」。

至於，倘主張 B≠主張 C（例如為引伸或為反面解釋時），則使用此句型固無不可，惟如前述，此等用語較不簡潔，且易被誤解句意，應特別注意使用的時機。

㈡簡要的段落

簡要的段落，遠比簡要的文字困難，很多筆鋒簡捷、用字精錬的人，在處理段落及爭點時，卻長篇大論、叨絮不休，同一爭點，可以在前後十個書狀出現十五次，其原因還是一樣：不安。

每位律師雖然都知道，太長（或重複）的書狀對案件沒有幫助，太長的法律意見書當事人常看不懂，但真正動筆時，卻又怕掛一漏萬，寫一遍，怕沒看到，寫兩遍，怕不清楚，寫三遍，怕看不懂，寫四遍，怕忘記了，五遍、六遍、七遍，各有理由，下個書狀，再來一遍，再各有理由，永遠沒完沒了。

要兼顧效果及簡要，並不是容易的事，重要的爭點，只在書狀中主張一次，當然不會安心，再次主張當然有其必要，但是不管是舊調重彈[19]，還是舊瓶新酒，都僅會使人感到厭煩（包括法院、對造及當事人），還是應該有所節制。

---

[19] 尤其現在文書軟體，重複剪貼用不到幾分鐘的時間。

　　尤其，法院審理仍是以言詞辯論為重心，重要的爭點及主張，可以在開庭時以言詞一再強調及說明[20]，而不需要一再以書狀表明。

　　如果真的有在書狀中一再表示重要爭點的必要，亦可以考慮將主張加以「變化」，在變化不同的表達方式時，即使法院及對造律師發現你的意圖，甚至為指摘，亦無大礙，畢竟我方欲為或欲強調的主張已被審閱，甚至被凸顯，與原本目的並無違背，不過，太繁複的變化，可能造成準備言詞辯論意旨狀時的困難，亦須注意。

　　但有時主張很難加以變化（例如基於單純的事證所為的主張），則此時應該考慮將主張加以「隱藏」，最簡單的作法是在後續主張（同一書狀或後續書狀）前加上「姑不論……」，例如「姑不論證人已證稱被告並不在場」、「姑不論原告迄今並未證明渠所受損害」，以強調及提醒最重要的主張，當然也是要有所變化及節制，不可在「每一」段落或主張前加上「姑不論」。

　　如果主張無法以三言兩語交代，或須表明何時已用書面表示意見，亦可在後續書狀的第一段加上「茲不贅述」等語，例如「首查，就原告已拋棄一切請求及原告已自認渠並未受有損害等節，前已於補充理由㈠狀證述甚詳，茲不贅述[21]」，當然在後續主張的段落前，還是可以加上幾個「姑不論」，以為強調或提醒。

　　善用註腳功能，亦可達到提醒的作用，請參閱本書「15 附註（註腳）」乙章。

---

[20] 可以發現一個有趣的現象，對有些當事人言，同一爭點一再以書狀主張，表示律師懶惰，一再以言詞主張，表示律師有經驗（如果當事人亦到庭）。

[21] 在開庭時，則可以「除了上次談到的……」等語表示。

三. 慎　言

　　用「一字千金[22]」來形容律師文書，除了形容律師的收費高昂以外，另可以用來形容精確合宜的文字對法律服務（不只訴訟）的重要，一個字的對錯，可能決定訴訟的成敗，甚至律師個人的榮辱，甚多時候，對錯之間，相差何止千金。

　　當然，有些錯誤，例如誤寫、漏字等，有時並不影響成敗，但此類顯然的錯誤，不僅可能影響當事人、法院對律師的觀感，更須花無謂的時間及精力為更正[23]，而且，並不是每一次的錯誤都是可補救挽回的，如果不防微杜漸，凡事都不在乎，任意草率，其代價不只是當事人的權益，甚至關係律師個人的利害，其後果是十分嚴重的。

　　律師撰寫文書當然都知道必須謹慎小心，字斟句酌，但總免不了發生錯誤，尤其在下面情形時：

階　段	原　因	說明及建議
準備階段	內容完全依當事人[24]指示	當事人的指示（尤其一時情緒性的指示）不見得符合其利益，應過濾當事

---

[22] 史記‧呂不韋列傳：「呂不韋乃使其客人人著所聞，集論以為八覽、六論、十二紀，二十餘萬言。以為備天地萬物古今之事，號曰呂氏春秋。布咸陽市門，懸千金其上，延諸侯游士賓客有能增損一字者予千金。」

[23] 有時為了一、兩個錯字，必須以數十字來更正，例如：「原告起訴狀第二頁倒數第一行將『被告共積欠原告一千三百五十一萬元』，誤載為『三百十一萬元』，特為更正」、「被告答辯㈢狀第六頁第一行將『原告』誤載為『被告』，特此陳明。」

[24] 如前所述，當事人為公司、行政機關等法人時，並應特別注意，在何種情況下才算「當事人」的指示。

階　段	原　因	說明及建議
		人指示，衡量當事人的實益[25]。
	內容完全依指導律師或資深律師指示	很多時候，負責撰稿的律師較指導律師或資深律師，對事實及緣由更為清楚，對指示有任何疑義時，「務必[26]」提出討論。
	未與當事人充分討論與溝通	律師與當事人討論時，應避免先入為主，以偏概全。不能以將來初稿會送當事人審閱為由，即認無須與當事人充分討論與溝通[27]。
撰稿階段	過於操切，急於表現求功	仔細衡量每一主張的利弊得失，除了正面效果外，並應考量「每一」主張可能的「負面」影響。
	使用例稿、另案或之前（包括前審）的書狀時，未考慮是否符合，或未檢查校對。	例稿、另案或之前（包括前審）的書狀，雖節省了擬稿時間，但相對錯誤遺漏的可能性大增[28]，故使用例稿時，即應相對增加校對的時間。
	完全依賴電腦程式的功能，例如尋找、取代[29]、拼字或文法	電腦程式係完全依照指令或有限的資料庫，無法辨別對錯，況且，電腦程

25　律師倫理規範第 28 條：「律師對於受任事件，應將法律意見坦誠告知委任人，不得故意曲解法令或為欺罔之告知，致誤導委任人為不正確之期待或判斷。」

26　所涉及的範圍，除了當事人的利益外，亦與律師個人的利益（包括責任及學習等方面）相關，甚至亦可作為觀察指導律師或資深律師的指標。

27　雖然初稿送當事人審閱，但當事人可能並無能力審閱內容，可能草率審閱（好聽的說法為其信任律師），可能誤以為該錯誤係律師刻意所為，必有深意。從而，不能以當事人會審閱，即認沒有充分討論與溝通的必要。

28　筆者曾經請實習律師整理上訴理由狀，內容部分並無任何問題，卻發現因為利用二審的檔案修改，故「臺灣高等法院民事庭」僅改為「臺灣最高法院民事庭」，當時筆者笑著對該實習律師說：「或許我們真該慶幸現在不是民國 40、50 年間！」

29　例如在修改不同審級的書狀，常利用取代功能將「原告」修正為「上訴人」或「被上訴人」。

階　段	原　因	說明及建議
	檢查	式節省的是重複操作的時間，不是全部的時間，也不是思考的時間，仍要花費時間仔細校對。
修正校對	未送當事人審閱	任何文書完稿前，均應送當事人審閱，當事人為公司法人或行政機關時，應注意何人有審閱的能力及權限。
	完全按當事人的意見修改[30]	當事人對初稿有意見時，應討論及取得共識，不應照單全收。
	完全依指導律師或資深律師意見修改	如對修正的指示有任何疑義時，「務必」提出討論。
	未校對或未仔細校對（包括僅在電腦螢幕上校對[31]）	不論篇幅長短，不需要校對或修正的初稿，是絕對不存在的，尤其如果自己打字，更應仔細校對。
	未檢查引用自法律資料庫的法條、判例，甚至對方書狀	這些部分常被忽略跳過，雖然有時是誤寫或漏字等顯然錯誤，但對造律師可能借題指摘。

　　如果就比例來看，因「過於操切」而發生的錯誤，其所占的比例應該不低，除了初生之犢的新科律師、新進律師外，即使執業已相當時日的律師，一旦面對來自當事人、自我期許等壓力，在為法律上的主張或攻防時，只見其利，未慮其弊，即容易造成好事貪功，盲動冒進，其常見的情況有：

　　1.輕率為本案實體主張[32]。

---

[30] 另一種情形是：律師不在，故客戶直接通知秘書或助理修改內容，秘書或助理未通知律師。

[31] 依筆者經驗，不論在螢幕上校對過多少次，列印出來後仍可以發現錯誤。

[32] 效果請參見下面條文：

民事訴訟法第 97 條：「被告已為本案之言詞辯論者，不得聲請命原告供（訴訟費用）擔保。但應供擔保之事由知悉在後者，不在此限。」

民事訴訟法第 255 條第 2 項：「被告於訴之變更或追加無異議，而為本案之言詞辯論者，視為同意變更或追加。」

2.輕率為形成權[33]。

3.使用激烈詞句,威嚇與恐嚇不分。

4.以為發現或掌握對方的致命弱點。

5.不留餘地,不知見好就收。

6.混淆代理人與本人角色及分際[34]。

所謂「言多必失」,律師撰擬文書應以簡單、簡要的文字,其目的亦在避免無謂的風險,但簡單、簡要的文字,僅能消極地避免錯誤的發生;而所謂「慎言」,在積極方面,必須仔細衡量每一主張的利弊得失,除了正面效果外,並應考量「每一」主張可能的「負面」影響。

就此,荀子的一段話可供作參考:「欲惡取舍之權:見其可欲也,則必前后慮其可惡也者;見其可利也,則必前后慮其可害也者,而兼權之,孰計之,然后定其欲惡取舍。如是則常不失陷矣。凡人之患,偏傷之也。見其可欲也,則不慮其可惡也者;見其可利也,則不慮其可害也者。是以動則必陷,為則必辱,是偏傷之患也。」

或認為律師每天處理的事務眾多,哪有時間瞻前顧後,字斟句酌,事實上亦不可能完全面面俱到,打官司或多或少都會有錯誤發生,何況,當事人也無法辨別其中利害云云。不過,當事人委請律師,或將其性命自由,或其身家財產,或其名譽信用,寄望託付予律師,得此信賴及重責,自應

民事訴訟法第 404 條第 2 項:「有起訴前應先經法院調解之合意,而當事人逕行起訴者,經他造抗辯後,視其起訴為調解之聲請。但已為本案之言詞辯論者,不得再為抗辯。」

仲裁法第 22 條:「當事人對仲裁庭管轄權之異議,由仲裁庭決定之。但當事人已就仲裁協議標的之爭議為陳述者,不得異議。」

[33] 有時當事人(甚至律師)並無解除或終止的意思,但弄假成真。

[34] 除了用語與當事人口氣無異外,在開庭的時候,有時也可以看到律師比當事人更激動、更氣憤的情形。

謹慎戮力。況且，即使目前當事人甚少以執業不當請求賠償，但當事人法律常識已日漸提升[35]，申訴律師執業不當的案件亦已日漸增多，如果以為當事人無法辨別，以為當事人可以敷衍，可以欺瞞，除不敬業以外，實在是十分危險的認知[36]。

從太多的例子可以知道，書狀和辯論技巧，是可以訓練的，但問題在於：要花多久的時間？要花多少代價？何種方式風險較低？

每位律師都是舞文弄墨的能手，但由於時間及實務的限制，律師常常無法「三思而後行」，便往往進而忽略了「再思[37]」，或仍沿襲學生時代的思考方式。事實上，精確掌握文義，對法律人而言，並不是難事，法律文字及用語的訓練，從進法律系時即開始了[38]，從而，新進律師僅須「再思」一下，即可輕易辨明各種文義的區別及使用時機。而且，依筆者的經驗與觀察，只要推敲過的文字（甚至言詞），無庸強記，日後即可取捨定奪，迅速擷拾精確合宜的文字或用語，日積月累，其成效自然是十分驚人的，這也是為何很多資深律師可以下筆立就、出口成章的原因，如果願意，口述書狀由助理打字，對資深律師亦非難事。

須注意者，慎言並非「不言」，亦非「畏言」，謹慎是步步為營，穩紮穩打，而不是消極、因循。如果沒有挑戰法律的理想，如果沒有推翻判例的勇氣，當律師實在是很辛苦、很乏味的工作。

---

[35] 甚多公司開始聘用法務人員，甚至聘請律師擔任法務經理；一般當事人也開始利用平民法律服務的管道來確認律師是否執業不當。

[36] 尤其策略方法或許見仁見智，但關於文字的錯誤則是顯而易見。

[37] 論語・公冶長：「季文子三思而後行。子聞之，曰：『再，斯可矣。』」

[38] 一般人對律師的印象，律師都是伶牙俐齒、辯才無礙的，但有趣的是，法律教育中並無辯論或作文的課程，法律系學生是從書本、從教授、從考試，慢慢模仿及磨練，從而，畢業多年以後，當年木訥寡言的同窗，可能變成能言善道的律師，熱情好動的同學，卻變成謹慎威嚴的司法官。環境的確會影響法律人的言談舉止，有形或無形地。

四. 重　勢

　　文以氣為主[39]，依文體類別，各有不同的要求[40]，律師撰擬文書，目的在於說服法院接受我方的證據或主張，相同的證據及主張，可能有截然不同的表現方式，故除了證據及主張外，氣勢亦是重要的要素，沒有氣勢，即使文字巧妙、論理精細，亦無法達到說服的效果。

　　可以如此說，就律師業務上文書言，氣勢是律師個人由內心就法律的信念及認識，自信無礙地向外表達的表現。

　　「氣之清濁有體，不可力強而致」，「雖在父兄，不能以移子弟」，每個人都有不同的風格筆鋒，彼此間並無優劣可分。討論律師文章的氣勢，亦無須和其他律師為比較，即使案件的事實再如何單純，亦沒有任何兩個案件是完全相同的，律師思考如何寫出氣勢，即在思考如何排除可能影響氣勢的因素，倘能排除各方面的影響，相信每個律師都可以寫出氣勢磅礴的文章。

　　如前所述，律師業務上的文書，是以代理人的角色，說服法院或當事人[41]。所謂「理直氣壯」，故文書氣勢，首先取決於事實與理由，但除此之外，還有其他可能影響文書氣勢的因素，造成明明是「理直氣壯」的事實與證據，卻寫出理不直氣不壯的書狀，其可能影響因素，大致與下列各方面有關[42]：

---

[39] 曹丕，典論論文：「文以氣為主，氣之清濁有體，不可力強而致。譬諸音樂，曲度雖均，節奏同檢，至玉於引氣不齊，巧拙有素，雖在父兄，不能以移子弟。」

[40] 曹丕，典論論文：「常人貴遠賤近，向聲背實，又患闇於自見，謂己為賢。夫文本同而末異，蓋奏議宜雅，書論宜理，銘誄尚實，詩賦欲麗。此四科不同，故能之者偏也；唯通才能備其體。」

[41] 例如為法律意見、開庭報告時。

[42] 此表所列並非全部可能因素，尚有與個人個性或經驗有關的特殊因素，尚待自行檢閱。

階　段	原　因	說　明
個　人	懷疑自己的能力	未曾寫過，不代表無法寫出氣勢。部分新進律師因之前並未撰擬律師文書，便以為永遠無法寫出有氣勢的書狀或文書，亦不願嘗試。
	律師個人的個性	性格平和儒雅，不喜譁噪，與文書的氣勢無關，許多流傳千古、磅礴雄偉的論辯策議[43]，均為謙謙君子所為。
	不確定自己的主張	如果律師本身亦懷疑自己的主張，其論理是無任何氣勢可言的。 此時與其花時間虛列些張牙舞爪、自欺欺人的辭句，不如好好檢索及思考。
	不同意指導或資深律師的指示	不同意指導或資深律師的指示，亦即無法說服自己，悶著頭硬寫，是寫不出立論精宏的文書的。 事實上，指導或資深律師的指示並非一定正確[44]，不同意他們的指示時，實在沒有理由不敢與他們討論或辯論。
當事人	懷疑當事人所稱事實	當事人所稱的事實有所保留、以偏概全，這是常態，但亦不可先入為主，如懷疑當事人所稱事實，自應與當事人討論詳細後再動筆，否則，心有芥蒂寫出來的文書，即使嗣後再如何修正亦是枉然。
	無法認同當事人的請求	當事人以其利益為優先，這是人之常情，律師個人無法認同當事人的請求（或主張），還是應與當事人溝通後再動筆。 如果確實無法溝通，依照律師倫理規範，即應坦誠相告[45]，由當事人決定是否繼續委任。

---

[43] 例如古代的韓、柳、三蘇等唐宋八大家，乃至近代五四時期的大師等等，均有氣勢不凡的論述。

[44] 指導或資深律師不見得清楚事實、緣由及與當事人討論的結論，亦不見得清楚最新的理論、判決、判例。

[45] 律師倫理規範第 28 條：「律師對於受任事件，應將法律意見坦誠告知委任人，不得故意曲解法令或為欺罔之告知，致誤導委任人為不正確之期待或判斷。」

階　段	原　因	說　明
法　院	法官態度嚴峻	法院於指揮訴訟及取捨證據時，一旦態度嚴峻，是有可能影響主張的氣勢，但只要確信係依法論理，並無須畏縮退怯，套句金庸的話：「他強任他強，清風拂山崗；他橫任他橫，明月照大江[46]」。
	法官公開不利心證	法院公開不利心證，對律師而言自然是重大的打擊，但也是重新檢視證據及主張的契機，公開心證的目的，在於發現真實，也正是律師要努力的方向，不應因此即拋戈卸甲，束手就縛。
對　造	對造為資深、有名或經驗豐富的律師	享有盛名的律師，通常均非浪得虛名，但享有盛名並非戰無不勝，亦非案件事實即當然有利，重要的仍是證據或主張是否可採。
	對造當事人有情緒化的行為	完全理性的當事人雖不能說沒有，但不會太多，當事人（包括對造及我方當事人）因牽涉個人利益，情緒化的反應與行為是十分正常的，並無須因此影響依法所為之主張。
案　件	發現不利的法律、實務見解（判例或判決）	如果檢索法律、判例或判決，就可以解決法律問題，就不需要律師。如果確信法律或實務見解，不應適用於本件事實，律師應該要有向法律及實務見解挑戰的勇氣。
	發現不利的事實或證據	發現不利的事實或證據是常態，如果沒有任何不利的事實或證據，就不會有訴訟或紛爭了，正視[47]不利的事實或證據，尋求解決之道，才是積極的作為。
	前審敗訴、以前有所失誤或正在補救失誤	對於之前的失敗或失誤，雖然應謹記在心，不能置若罔聞，但不能因此灰心喪志，影響後續的主張與程序。

從以上看來，影響文章氣勢的原因，通常來自律師個人，律師外表上

---

[46] 金庸，倚天屠龍記，九陽真經卷首。

[47] 理直氣壯，理不直，氣不壯，但理不直（例如有不利的事實或證據）時，應該再為分析及蒐集證據，而非直接放棄。

當然都是自信滿滿，不會示弱予人的，但有意識或無意識的顧忌[48]，卻往往影響律師的表現（包括書狀及辯論[49]）。以上的說明或建議，或許仍無法去除心中的疑慮，或許不是解決個人疑慮的最好方式，或許尚有個人特別的因素[50]，如果如此，必須思考就各項可能影響文書氣勢的因素，個人的解決方式為何？如任由這些顧忌牽制、壓抑，當律師是會當得很辛苦的。

必須說明的是，所謂氣勢，並非煽情蠻橫、張牙舞爪，而是基於對法的確信[51]，藉由主張及證據，體現公平正義或法律目的。如果僅是咆哮狂怒、潑婦罵街，根本不需要律師，如果整天開庭和人吵架，寫書狀也似和人吵架，對律師個人的身體及心理應該不會有好處，如果還沒辦法達到當事人的要求，那就真的不知所為為何了。

如前所述，氣勢是律師個人由內心就法律的信念及認識，自信無礙地向外表達的表現，與個人性格無關，與策略目的無關，平和不爭的人，寫書狀時還是要寫得鋒利縝密、磅礴雄偉，求和、求情的書狀，也要寫得義正辭嚴，理屈詞窮是無法達成目的的。

另外，氣勢亦與當事人的地位（如原告或被上訴人）無關，並非僅有起訴狀、上訴理由狀需要氣勢，答辯反駁也要有氣勢，要有周延綿密、滴水不漏的氣勢。

此外，並非相對人為法院或對造時需要氣勢，即使律師與當事人間的法律意見書或聯絡文書，亦需要氣勢，如果法律意見或開庭報告空洞無物，

---

[48] 律師執業時常承受許多的壓力，相對會有許多的顧慮。

[49] 承接新案件時，除了案件內容以外，思考及解決關於案件及個人的顧忌，除有助於業務的執行及累積經驗外，亦可減輕相當的壓力。

[50] 例如：排斥承辦特定案件（如刑事或離婚案件）、前與法官或對造律師有不愉快的經驗等。

[51] 以筆者的經驗，真正難以對付的律師，是永遠不慍不火的律師，因為對案件、對自己的自信，對他們而言，並無解決不了的問題，沒有克服不了的難關，無須齜牙咧嘴、氣憤怒嚎，亦無須裝模作樣、委屈可憐。

連當事人都說服不了了，當事人如何相信你可以說服法院呢？

綜合以上，增加文章氣勢的方法，有下面幾點可以供參考：

1.對於事實及理由的確信。

2.對於法律及公平正義的確信。

3.分析容易影響氣勢的個人因素。

至於在文字上如何增加氣勢，個人以為有下面幾個原則：

1.詳細瞭解事實，充分研究法律，不輕易迴避問題、刻意忽略問題。

2.明確瞭解使用「肯定」或「不確定」的用語的目的（為何）與時機（何時）。

3.完整的論理架構，條理分明、層層剖析；東缺西漏、前拼後湊的論理，是沒有任何的氣勢可言的。

另外，或認為唯法院的判決方可長存，律師的書狀辯詞，僅隨卷宗塵封、入庫、銷毀，何須勞神費心，此種論點當然沒錯，但從更積極的角度來看，即使一、兩句話成為判決或判例的一部分，身為律師，身為法律人，也是莫大的光榮。

最後，再以曹丕的《典論論文》為結尾：「蓋文章，經國之大業，不朽之盛事。年壽有時而盡，榮樂止乎其身，二者必至之常期，未若文章之無窮。是以古之作者，寄身於翰墨，見意於篇籍，不假良史之辭，不託飛馳之勢，而聲名自傳於後。故西伯幽而演易，周旦顯而制禮，不以隱約而弗務，不以康樂而加思。夫然則古人賤尺璧而重寸陰，懼乎時之過已。而人多不強力，貧賤則懾於饑寒，富貴則流於逸樂，遂營目前之務，而遺千載之功，日月逝於上，體貌衰於下，忽然與萬物遷化，斯志士之大痛也。」

5 基本原則㈣——段落分明

　　文書應有段落及架構，以方便閱讀，這是無庸贅言的，不論一般文書或律師文書皆然。

　　另外，如前所述，條理分明、層層剖析，文章方有氣勢及說服力。倘若段落不分、架構散漫，不僅須費力審閱，亦難有氣勢可言。

　　律師文書參考判決的地方甚多，惟關於段落及架構部分，不能「完全」參考法院判決[1]，蓋法官安排判決書的段落，其主要目的是表示其得心證的理由，以免被指摘判決理由不備，而非「說服」兩造，與律師文書安排段落的目的有所不同。

　　誠然，事實及理由，才是真正決定法律事件成敗的基礎，但安排段落及架構，亦不是枝微末節，良好的食材，也是需要手藝來烹煮，不能以為「把這些零碎兒摻合起來，匯入一鼎而烹之[2]」，如果事實及理由明明有利，卻受段落及架構等牽累，不僅律師冤枉，當事人更冤枉，也不是徒呼

---

[1] 指狹義的判決書，即理由或得心證理由的部分，不包括判決書中關於兩造主張或原審判決的部分。

[2] 張大春，城邦暴力團，第四冊，第 116 頁。

負負可以解決的。

二. 如何決定架構

　　律師文書不是八股文[3]，並無公式，一般文書所謂「前言、論述、結論」三部分或「起、承、轉、合」的架構，並不適用於律師文書。甚至，有時反駁的文書，因為必須逐點答辯、面面俱到，甚至無整體架構可言。

　　在「2　基本原則㈠──勾勒思考」中，即曾經說明，在動筆以前，應思考文書的「法律上目的」及「策略上目的」，以決定風格、架構與內容。

　　基本上，架構可分為按時間、重要性及構成要件等，視個別情況決定，其間並無優劣可分，亦常常合併使用，相輔相成。

㈠按時間順序

　　按時間順序分段主張，在實務上最常見於各審級首次提出的書狀（起訴狀、上訴理由狀及答辯狀，下稱「首次書狀」）或法律意見，其中關於事實簡述部分，甚多是按照時間先後順序來分段[4]。

　　另外，有些時候為便於區別事實及理由，另將主張分項為「事實」（或稱「事實簡述」）項及「理由」（或稱「事實及理由」）項，惟在其分項下，仍係依時間順序為分段。

　　按時間順序來分段，其優點在於便於瞭解時間的先後順序；至其缺點，在於無法彰顯重要性，重要的主張容易被忽略。另外，按時間順序為分段，

---

[3] 八股文的結構，分為破題、承題、起講、提比、虛比、中比、後比、大結八部分，對格式、體裁、用語、字數有嚴格規定。

[4] 如事實簡單，不用一頁的篇幅，即不需要分段。

僅能處理簡單的時間關係，如非僅係特定時間（點），而係特定時期（線），或交錯重疊（面），以時間順序來分段，具有相當的難度。尤其，一旦對造另有主張時，甚至可能造成混淆及重複[5]。

從而，由於首次書狀或法律意見，較無複雜的時間，亦無穿插其中的事件，故實務上首次書狀及法律意見，較常按時間順序為分段。

另外，實務上通常按時間順序為分段及架構，係由遠而近的「順敘」，至於由近而遠的「倒敘」，其情形亦非少見，蓋由於通常關鍵事實發生在後，故在事實項「順敘」以交代因果，而於理由項「倒敘」以強調主因。

惟須注意者，在事實項倒敘事實，因需要相當的技巧，雖不能說不可嘗試，但必須清楚使用「倒敘」的目的，不能只是標新立異、顯示文采。

㈡按重要順序

另一種常見（甚至最常見）的順序架構，是依重要性順次鋪陳，例如兩造的補充理由及答辯等。

原告需要「所有」構成要件都要合致才能勝訴，被告只需「其中之一」構成要件不合致就能勝訴。被告自然要按重要順序為主張，不會最後才主張時效抗辯，書狀最末才提出不在場證明。

按重要性依次主張，即在避免重要的主張被遺漏，從而，在動筆以前，即應衡量個別主張的重要性，而非依印象來決定其重要性。

通常於書狀中，並不特別表明係按重要性為主張[6]，然而，在審閱數個段落後，即可確定是否按重要性為主張，此時注意力可能即相對降低，

---

[5] 雙方先後交錯提出不同的事件時，即容易混淆時間順序及因果關係，如為避免誤導，最好另行製作時間順序表，此部分容後說明。

[6] 在書狀中，如果特別表明係按重要順序為主張，等於表示（或暗示）後面的內容即無庸特別注意。

被忽略的可能性相對提高許多，從而，如果決定係按重要性為順序，即從頭至尾依重要性排列，不要任意穿插，請參閱如下圖表：

一	二	三	四	五	六	七	八	九	說　明
高	高	次高	次高	次高	普通	普通	普通	總結	一般按重要程度排列的情形。
高	次高	次高	次高	高	普通	普通	普通	總結	重要性很難取捨，亦非絕對，故將最重要及較為重要的主張排列在前，並無問題。
高	次高	次高	次高	普通	普通	高	普通	總結	如將重要主張放在後段，且穿插在一般主張間，即無法凸顯重點，有可能遭忽略。
高	次高	次高	次高	普通	普通	普通	高	總結	將重要主張放在總結前，仍有可能遭忽略。

　　如前所述，依重要性順次鋪陳，常見於兩造的補充理由及答辯，但兩造各有各的重點及順序，在交鋒對辯時，如果依對方的順序，我方的重點無法凸顯；如果依我方的順序，恐又反駁不能周全。如何兼顧攻擊及防禦，除了在段落安排上必須慎重以外，必須注意如何取得「先手」（或主導權）。

　　在訴訟的進行中，起訴或上訴的一方，先取得了主導權，但如不善加利用，被告或被上訴人仍可取得主導權，主導權的移轉，常決定在段落安排及言詞辯論之間，或因法院指揮訴訟而霎時變更。

　　取得主導權的方法，依具體情況而有不同，屬於訴訟技巧的層面，但有一點可以確定：「架構論理越清楚及完整的一方，越容易取得訴訟主導

權」，試想：當法官收到雙方書狀，發現其中一份架構及論理散漫，另一份則架構嚴謹、層層剖析，法院當然可能傾向以架構完整及論理清楚的書狀，來瞭解事實及進行訴訟，如果檢驗此份書狀及理由並無重大錯誤，即可能以此為有利的判決。

至於如何避免喪失主導權，必須注意段落安排，如已取得主導權，則段落安排上，自應以我方的重點為順序，至於反駁部分，則應特別標明，亦即應將書狀區分為「我方主張可採」、「對方主張不可採」兩大部分，例如以撤銷仲裁判斷之訴為例，被告可將其主張分為兩大部分：

範例 12

壹、本件不符合撤銷仲裁判斷之訴的要件：
　　一. 原告起訴已逾三十日不變期間
　　二. 仲裁判斷理由是否妥適、適當或完備並非撤銷仲裁判斷之事由
　　三. 撤銷仲裁判斷並非上訴審，法院無庸審酌仲裁判斷之實體內容是否完備、合法、妥適
貳、至原告主張本件有「仲裁判斷書應附理由而未附」之撤銷事由，爰一一駁斥如下：
　　一. 所謂「仲裁判斷書不附理由」，係指仲裁判斷「書」「完全」不附理由者而言，咸為我國實務之一致見解
　　二. 本件仲裁判斷書不僅附有理由，且仲裁人於仲裁判斷理由項下，亦詳述其認定之事實及依據
　　三. 原告於起訴狀中亦多所援引仲裁判斷書之理由
　　四.（略）

另外，必須說明的是，所謂後半段書狀可能被忽略，並不是「當然」

被忽略，亦不是一份十頁的書狀，即完全不看後面五頁，後面五頁可以亂寫一通，而是考慮如何在後半部達到提醒及強調的目的（即使不是最重要的主張）。

就此，除了運用**變換字體**的強調方式以外，將書狀內容先行劃分為數節或正反兩節，也是可以達到強調的目的，如範例 12，將理由劃分為「我方主張可採」、「對方主張不可採」兩大節，則在每節開始的數段落，注意力自然而然即會提高，亦即造成起伏的現象。不過，須注意者，此所謂節，非指要用「第一節」、「第二節」的標題來表示，而且節數應有限制，如果劃分為七、八節，就和段落沒有區別了，無法達到強調的目的。

㈢按構成要件

另一常見的架構方式，是以法條上、判例上或學說上的構成要件為主要架構，依次分段論述，此架構方式，常見於起訴狀及聲請狀。但為答辯或反駁時，亦可以構成要件逐一反駁，俾強調對造的主張完全不符合構成要件。

以構成要件為架構的方式，常與按時間順序的架構相合併，亦即事實項依時間順敘，理由項則依構成要件分段說明。就此，試以民事訴訟法第 532 條規定聲請假處分為例：

範例 *13*

壹、事實簡述：

　　一.（略）

　　二.（略）

　　三.（略）

貳、本件符合民事訴訟法第 532 條規定：

　　一. 本件為金錢請求以外之請求

　　二. 本件有保全強制執行之必要

　　三. 本件請求標的之現狀變更，有日後不能強制執行之虞

　　四. 建議執行方法

參、聲請人願供擔保以代釋明

　　以下範例，係主張信賴保護原則，而以學說及行政程序法規定為架構，雖是行政訴訟程序，亦可供參考：

範例 *14*

壹、事實簡述：

貳、本件原告有信賴基礎存在：

參、本件有信賴表現的事實：

肆、原告信賴值得保護，且無任何行政程序法第 119 條所定信賴不值得保護之情事：

　　一. 本件行政處分，並非基於當事人惡意詐欺、脅迫或其他不正當方法而獲得。

　　二. 本件並無「當事人對重要事項為不正確或不完全之說明，致處分機關誤信其陳述而作出錯誤之行政處分」之情事。

　　三. 本件並無「明知或因重大過失而不知」之情事。

　　如前所述，亦可就構成要件逐一反駁，以下為反駁原告以情事變更為請求的範例：

範例 *15*

壹、本件並無任何情事變更可言

貳、縱有情事變更，亦為契約成立前即已預料

參、本件依契約原有效果，並未顯失公平

　　由前面三範例可以看出，如為起訴狀或聲請狀，常會在第一段加上事實簡述（通常為順敘），其理由為：構成要件的各要件，其時間可能交錯倒置，如未另加上事實簡述，即無法就事實為完整的說明。至依構成要件為答辯或反駁時，則並非當然需要，倘可引用對造所主張的事實時，即可直接依構成要件為反駁。

　　需說明者，如以構成要件為架構為起訴或聲請時，此構成要件必須完整。蓋構成要件的架構，固然清楚明確，惟構成要件為何，法律人知之甚稔，法院或對造律師，甚易發覺是否缺漏，故倘不確定是否符合所有構成要件，切勿強相套用，以免自曝其短，適得其反。

　　如以學說上構成要件為架構，必須為通說（最好亦為實務通說），除了如上所稱避免欲蓋彌彰及方便審閱以外，引用並非通說（或實務通說）的要件，常無法具說服力。

　　至於答辯或反駁的文書，因為僅須其中之一達到否定主張之目的即可，故不需要完整論述[7]，亦不須以通說（或實務通說）為限。

　　另外，以構成要件為架構，各個要件間的順序為何，可能有不同的情形，或依法條行文順序（常用於起訴或聲請），或依重要性的順序（常用於答辯或反駁），甚至依時間順序亦無不可，此時應視具體情形決定，其間並無絕對的對應關係；惟無論如何，不宜毫無順序，任意排列。

---

[7] 當然，如能完整就各構成要件為主張，可增加氣勢及説服力。

㈣按對造主張順序

如前所述，在交鋒對辯時，如果依對方主張的順序，可能造成我方重點無法凸顯，甚至可能喪失主導權，然而，在特殊情況下，仍必須按對造主張一一為辯駁，此時，除為辯駁外，並應思考如何伺機取回主導權。

前述特殊情況無法迴避，而必須逐點按對造順序回應的主張，常發生於如下情形：

1 關於聲明（尤其請求金額）

聲明的內容，直接牽涉到判決結果，倘對造就聲明內容為主張，既必須按對造順序予以回應，尤其關於請求金額部分，更應具體回應，不應期待法院或對造會疏忽遺漏。

關於聲明（尤其請求金額），一旦被法院或對造發現有所缺漏，不論故意或過失，對造即可能藉此指摘我方刻意缺漏，主張我方默認或無法反駁云云，對方除取得主導權外，並令我方陷於守勢，自應特別注意。

2 對造分項提問或製作表格

另外，於對造分項提問或製作表格時，不應以為可以置若罔聞。因為：對造所以刻意用分項或表格為主張，即等待逐項回應，不容敷衍搪塞，更不會輕言放棄。此時，律師不應消極面對，而應積極思考：有無法律上理由可以拒絕？有無理由？程序上及實體上的影響為何？在此同時，必須有所準備，隨時按對造順序逐一回應。

③ 法院指示

不論基於對造主張或法院職權，法院常指示必須就對造的主張為回應，與前面的情況相同，不應心存僥倖，以為可以敷衍搪塞，法院即使有所疏漏，對造亦會提醒（尤其大部分是因對造要求）。

如果等到法院指示後，才主張並無逐一回應的必要，為時已晚，故在法院指示前，亦即對造要求法院指示就其主張逐一回應時，即應防微杜漸，立時就：有無理由？有無訴訟要件或其他先決事項待調查？乃至其必要性及可能性[8]等節為回應，以期在第一時間即防止對造取得主導權。

相對的，在交鋒對辯時，如何使對造無法迴避爭點，如何取得主導權，是相當重要的訴訟技巧。在訴訟中，除了思考如何利用書狀取得主導權外，在言詞辯論時，亦應時時注意兩造主導權何時移轉？如何移轉？假以時日，即可熟悉如何順勢而為（或落井下石），如何逆勢操作。

另外，除為辯駁外，如何取回主導權，主客易位，在可利用的文書技巧，即將前述三點反向操作，例如：對造就聲明（或請求金額）分段論述，則於回應時，除細分項外，更分項提問或製作表格；對造分項提問或製作表格，即反問或製作更完整的表格。

以上所說都是反客為主的方法，當然，亦可考慮圍魏救趙，或釜底抽薪等策略，但此部分已涉及到具體案件及策略部分，實難竟書。

㈤先主張，後反駁；或先反駁，後主張

如前所述，如何兼顧攻擊及防禦，必須慎重為之。在書狀中，究竟應先主張，後反駁；或先反駁，後主張，是十分困難的問題，因案件性質、

---

[8] 例如質疑對造主張並不明確，其架構散漫，無從回應。

證據、進行程度等，常隨時變化。

首先，應說明的是，究竟應先主張，後反駁；或先反駁，後主張，與當事人的地位並無必然的關係，並非原告（或債權人、聲請人）即應先主張，而後反駁；被告（或債務人、相對人）即應先反駁，而後主張。

	利	弊
先主張，後反駁	可為完整的事實及主張	反駁不能周全 反駁易被忽略，尤其法院心證已不利我方時，多說無益
先反駁，後主張	主動攻擊，增加氣勢	容易遺漏事實及主張 我方事實及主張易被忽略

首先，先就面對事實的一般態度來看，假設：某一訴訟中，甲、乙雙方各有十項證據，雙方雖各自就對方證據提出不可採的理由，但其中甲方提出完整的事實[9]，而乙方則無，僅能提出零碎片段的事實，何者較為可採？進一步而言，倘若乙方反駁的理由較為可採時，何者有理由？

對前面兩個問題，或許每個人都有不同的看法，但筆者認為兩個答案很可能都是甲方（即使甲方為被告[10]），在訟爭事件中，完整的事實主張可以補充證據的不足，即使推翻對造每項證據，如果未能提出完整的事實主張，仍然甚難獲得有利的判決，從而，就筆者一隅之見，先提出主張較為重要，即使當事人為被告或被上訴人，亦然。

另外，假設：案件為聲請或非訟事件，其餘假設不變，何者較為可採？是否因甲、乙雙方地位而有差異？就筆者觀察，如甲方為聲請人，乙方為

---

9 如用口語表示，則為「給個說法」或「合情合理的故事」。

10 須注意者，在實務上，原告是可能無法提出完整事實，其原因，或因涉及商業機密，或因起訴僅為策略目的。

相對人，乙方（即相對人）有無提出完整的事實，較不影響證據的證據力；至另一情形（即乙方為聲請人，甲方為相對人），應無庸贅言。

從而，如果綜合案件性質及當事人地位來加以考量，可以表列如下：

案件性質	當事人地位		理　由
訴訟案件	原　告	先主張，後反駁	建立完整的事實為優先考量
	被　告	先主張，後反駁	事實是否完整，影響證據力 先反駁，其主張易有缺漏（或易被忽略），致主張的事實零碎片段
聲請或非訟案件	聲請人	先主張，後反駁	建立完整的事實為優先考量
	相對人	先反駁，後主張	不需提供完整的事實 事實是否完整，不影響證據力

亦即，綜合案件性質及當事人地位來看，因為有無完整的事實，將影響證據的證據力，故應以建立完整的事實為優先考量，亦即，原則上應優先「先主張，後反駁」；至當事人倘為聲請或非訟事件的相對人外，則可「先反駁，後主張」（甚至可以僅為反駁）。

須注意者，此區別並非自始至終均固定不變，如果依進行程度，觀察兩造書狀的內容，其可能的情形為：

	首次書狀	前	中	後	言詞辯論
原告	主張	先主張，後反駁	先主張，後反駁	反駁為主	先主張，後反駁
被告	否認	先主張，後反駁	反駁為主	反駁為主	先主張，後反駁

亦即，原則上在前階段應「先主張，後反駁」，訴訟中期以後，如果主張已完整且明確（指對法院言），自無須每次書狀都一再重複主張，僅於必

要時（變更或提醒）再為主張。

須注意者，「先主張，後反駁」的架構，有時反駁不能周全，或反駁易被忽略，此時自然應有所變化，例如：將最重要的反駁置於主張前，分別用不同的書狀為主張及反駁，均是可以考慮的方法。

另外，在「先主張，後反駁」的架構中，必須特別注意法院心證是否已不利我方，蓋：法院倘已為不利心證，此時多說無益，即應專注於反駁，於動搖法院心證後，再為主張（或變更主張）。

書狀和辯論是相輔相成的，從而，在討論主張及反駁的順序時，亦應注意書面及言詞的配合，是否書狀的架構為「先主張，後反駁」，在辯論時亦應為相同的架構？抑或反而應「先反駁，後主張」？兩者僅能選擇其一時[11]，應為反駁或主張？為值得研究的問題，此時可能影響的因素甚多，包括：進行程度、法院態度、對造反應、證據力，甚至係開庭前或當庭遞送書狀，亦會影響辯論的重點。

三. 何時分段

段落和標點符號，都具有輔助文義及方便閱讀的功能，段落和句點，都代表停頓或結束，僅是程度有所差異。

在一般文書中，一個段落可能有數個句子，相同的想法或主題的數個句子，集合成一個段落，另為不同的想法或主題時，即必須另起新的段落。

然而，相對於一般文書，由於律師文書以三段論法為主要論理結構（亦即三段子句構成一完整論理的複句），且其內容並須具體、特定，故律師文書中句子的篇幅，遠較一般文書為長，也因此必須「即早」以段落為停頓

---

[11] 受限於時間因素，相信很多律師都曾面對過此兩難的問題。

或結束（誰受得了一、兩頁不分段的密密麻麻文字？），從而，律師文書的分段原則，以一完整論理為一段落，否則篇幅即可能過長。

可以如此說，在律師文書中，由於篇幅過長的關係，段落的功能已弱化至「句點」的功能，從而，另起段落的目的，是為了便於讀者停頓、思考（與句點功能相同），數個段落間，可能仍為同一的想法或主題。

也由於在長篇幅的律師文書中，段落的結束及分類功能已經弱化（亦即段落已非同一想法或主題的結合），則為使律師文書的組織分明，故須利用編號、標題及層次，以取代段落的結束及分類的功能，加以組織及區別不同的想法或主題，從而，大量使用編號、標題及層次，為律師文書有別於一般文書的特色，也已成為律師文書的基本要求[12]。

關於律師文書和一般文書的差別，可以表列如下：

	一般文書	律師文書
一個段落	數個單句或複句 同一的想法或主題	一個完整論理的複句 段落相當於一般文書的句點
另起段落	另為不同的想法或主題	為了停頓、思考
不同段落	不同的想法或主題	可能仍為同一想法或主題
停頓	句點	段落
區別及組織	使用段落，以區別及組織不同的想法或主題	使用編號、標題及層次，以區別及組織不同的想法或主題

當然，倘律師文書的篇幅甚短[13]，段落即仍具有結束及分類的功能，

---

[12] 法院判決雖使用編號、標題及層次，惟如前所述，法院判決主要為表示其得心證的理由，以免被指摘判決理由不備，而非「說服」兩造，或便於兩造「閱讀」，從而，法院判決的段落篇幅，常較律師文書為長。

[13] 筆者以為頁數應限於兩頁以內，或段落不超過五段。

並不當然需要使用編號、標題及層次。

如果可精簡用字，縮短篇幅，也就不需要編號、標題或層次；但倘若無法精簡篇幅，就必須使用編號、標題或層次（有時甚至須考慮使用目錄），不能期待法院看完三、四頁書狀後，還可以瞭解內容大綱，也不能期待當事人在看完三、四頁法律意見後，還知道前後段落的意旨及內容為何。

㈠按論理分段

如前所述，因為律師文書的篇幅過長，故必須即早分段，即早以段落為停頓或結束，但過早分段，無異割裂內容，故何時分段為適當？有不同的考量，最常見的方法，是按論理分段。

律師文書以三段論法為主要結構，故按論理分段，每一不同的論理（依據、主張及結論）為不同的段落，於表示結論之後結束段落，不僅便於閱讀，法院亦因停頓而有思考的時間。

另外，先將每一論理區分為不同的段落，亦有助於律師檢驗該論理的依據、主張及結論。從而，在擬稿之際，律師完成每一論理的結論（或段落）後，應馬上審視其內容有無缺漏或錯誤，再續為次一主張（或段落）。否則，倘下筆不能自休[14]，累牘連篇後再回頭審視，即使不影響思緒，亦需花費較多時間檢視校對[15]。

---

[14] 曹丕，典論論文：「文人相輕，自古而然。傅毅之於班固，伯仲之間耳；而固小之，與弟超書曰：武仲以能屬文為蘭臺令史，下筆不能自休。夫人善於自見，而文非一體，鮮能備善，是以各以所長，相輕所短。里語曰：家有敝帚，享之千金。斯不見之患也。」

[15] 「語序」對中文語意有重大的影響，更改對調三、兩字，可能整個文意或氣勢即截然不同。從而，如果將每一論理為一個段落，更改對調三、兩字，僅須審視此一小段落。反之，倘若兩、三頁不分段，更改對調三、兩字，即要審視兩、三頁的語意是否連帶受影響，自然需花費較多時間檢視校對。

　　此外，按論理分段，由於每一段落均為獨立的論理，亦便於調整段落的先後次序，及決定有無合併段落的必要。

㈡將依據、主張及結論分段

　　於依據、主張或結論中任一部分篇幅過長，自應即早分段，將依據、主張及結論分列為不同的段落。

　　將依據、主張及結論分段，並非一定須分為三段，例如：倘若依據的篇幅過長（常見於引用判決、學說的情形），則將依據獨立為另一段落即可。

　　另外，同時有多個依據、主張或結論時，亦應即早分段，如果新的段落篇幅仍然過長，或有強調的必要時，更應個別分段及編號。否則篇幅一長，即使有句點斷句，仍不便於閱讀，甚至可能混淆，不知何為依據，何為主張，甚至何為結論。

　　如以多個依據為例，以下為引用二個最高法院判決（依據）但卻不分段的情形：

範例 16

未分段

一. 查原告雖稱仲裁判斷書不附理由者，非僅仲裁判斷書全然不附理由而言，其對於重要關鍵爭點不附理由者，亦應包括在內，故謂本件仲裁判斷有仲裁法第 38 條第 1 項第 2 款「仲裁判斷書應附理由而未附」之撤銷事由云云。惟按最高法院 90 年度台上字第 589 號判決：「所謂仲裁判斷書不附理由，係指仲裁判斷書對於當事人聲請仲裁標的之判斷完全不附理由而言。倘仲裁判斷書已附理由，不論是否完備，均不得謂為不附理由」，及最高法院 90 年度台上字第 1362 號判決：「仲裁判斷書如已附理由，則不論其所附理由是否已完備，均難謂係不附理由。又我仲裁法對於撤銷仲裁

判斷之訴之事由，係採列舉主義，當事人得提起撤銷仲裁判斷之訴，請求法院撤銷仲裁判斷，必須具有仲裁法第 40 條第 1 項各款情形之一，始得為之。理由矛盾並非法定得撤銷之事由，本院自不得創設，認當事人得據此為請求撤銷之事由」（被證三號）。可知仲裁判斷書如已附理由，即無第 38 條第 1 項第 2 款撤銷事由，原告主張本件仲裁判斷應予撤銷，於法顯無可採。

好不容易有二個最高法院判決為依據[16]，如不強調，讓最高法院判決隱沒在段落中，當然太可惜了，故應將最高法院判決（依據）獨立為一段落，如下範例：

範例 17

將依據獨立

一. 按最高法院 90 年度台上字第 589 號判決已明揭：「所謂仲裁判斷書不附理由，係指仲裁判斷書對於當事人聲請仲裁標的之判斷完全不附理由而言。倘仲裁判斷書已附理由，不論是否完備，均不得謂為不附理由」。另外，最高法院 90 年度台上字第 1362 號判決亦表示：「仲裁判斷書如已附理由，則不論其所附理由是否已完備，均難謂係不附理由。又我仲裁法對於撤銷仲裁判斷之訴之事由，係採列舉主義，當事人得提起撤銷仲裁判斷之訴，請求法院撤銷仲裁判斷，必須具有仲裁法第 40 條第 1 項各款情形之一，始得為之。理由矛盾並非法定得撤銷之事由，本院自不得創設，認當事人得據此為請求撤銷之事由」（被證三號）。

二. 查原告雖稱仲裁判斷書不附理由者，非僅仲裁判斷書全然不附理由而言，其對於重要關鍵爭點不附理由者，亦應包括在內，故謂本件仲裁判斷有仲裁法第 38 條第 1 項第 2 款「仲裁判斷書應附理由而未附」之撤銷事由云

---

[16] 事實上關於何謂仲裁判斷書不附理由，有甚多法院判決可以引用，為節省篇幅，故僅引用其中二個最高法院判決。

云。惟揆諸前揭最高法院判決，可知仲裁判斷書如已附理由，即無第 38 條第 1 項第 2 款撤銷事由，原告主張本件仲裁判斷應予撤銷，於法顯無可採。

如果覺得新段落的篇幅仍然過長，或為了再為強調[17]，應再個別分段（甚至分項編號），其範例如下：

範例 18

將依據獨立，並將每個依據區分為不同段落

一、按最高法院 90 年度台上字第 589 號判決已明揭：「所謂仲裁判斷書不附理由，係指仲裁判斷書對於當事人聲請仲裁標的之判斷完全不附理由而言。倘仲裁判斷書已附理由，不論是否完備，均不得謂為不附理由」。

二、另外，最高法院 90 年度台上字第 1362 號判決亦表示：「仲裁判斷書如已附理由，則不論其所附理由是否已完備，均難謂係不附理由。又我仲裁法對於撤銷仲裁判斷之訴之事由，係採列舉主義，當事人得提起撤銷仲裁判斷之訴，請求法院撤銷仲裁判斷，必須具有仲裁法第 40 條第 1 項各款情形之一，始得為之。理由矛盾並非法定得撤銷之事由，本院自不得創設，認當事人得據此為請求撤銷之事由」（被證三號）。

三、查原告雖稱仲裁判斷書不附理由者，非僅仲裁判斷書全然不附理由而言，其對於重要關鍵爭點不附理由者，亦應包括在內，故謂本件仲裁判斷有仲裁法第 38 條第 1 項第 2 款「仲裁判斷書應附理由而未附」之撤銷事由云云。惟揆諸前揭最高法院判決，可知仲裁判斷書如已附理由，即無第 38 條第 1 項第 2 款撤銷事由，原告主張本件仲裁判斷應予撤銷，於法顯無可採。

---

[17] 例如引用一判例及二判決為依據時，即使判例篇幅通常不長，筆者仍會將判例獨立為一段落，以強調判例的內容。

當然，如果多花些時間，要區分依據、主張及結論，並非難事，我們也可以假設（或推定）所有的法官都會花時間仔細審閱書狀，甚至重新審閱其中不清楚的部分，但與其讓法院花時間去審閱，不如讓法院多些時間思考。另外，雖然審閱時間與說服力間並無絕對必然的關係，但可迅速瞭解的書狀，表示依據及論理清晰，通常說服力也較強，反之，需再三審閱方能瞭解的書狀，通常也不具有太強的說服力。

以下為有數個依據、主張或結論時，一些可參考的分段方法：

多個依據	一. 按 [……]，最高法院不僅前著有 [判例]，且最高法院 [判決]、[判決]，亦均明揭 [……]（原證×號），是 [……]，至為明確。 二. 查被告雖主張 [……]，惟揆諸前揭最高法院判例及判決可稽，被告主張，於法顯無可採。
	一. 查被告雖主張 [……]，惟依下列實務見解，可知 [……]，是被告主張，於法顯無可採： 　1. [判決]； 　2. [判決]； 　3. [判決]。
多個主張 多個事實	一. 查原告存證信函已載明 [……]，另外，證人×××、×××亦到庭證稱 [……] 及 [……]，可知 [……]。 二. 按 [……]，契約第 18 條定有明文，則原告可解除本件契約，至為灼然。
	一. 按兩造契約第 18 條就解除契約，定有如下之規定： 　1. [契約條款]； 　2. [契約條款]。 二. 查原告雖稱渠得解除本件契約，惟揆諸其前後存證信函，可知原告並未依第 18 條規定： 　1. [存證信函]； 　2. [存證信函]； 　3. [存證信函]。

一. 按 [⋯⋯]，契約第 18 條定有明文，另外，契約第 19 條亦就解除契約的效果，明定 [⋯⋯]。

二. 查原告既已依法解除契約，原告自得依前揭契約第 19 條規定，請求被告：

　　1. [⋯⋯]；
　　2. [⋯⋯]。

多個結論

一. 按 [⋯⋯]，契約第 18 條第 2 項定有明文，查被告雖稱原告解除契約不合法云云，惟被告既先違反第 18 條第 1 項規定，原告自得依契約第 18 條第 2 項規定解除契約。

二. 且如前述，被告既已違反契約第 18 條第 1 項規定，原告亦得請求渠賠償原告損害，要無可疑。

㈢按事件或行為分段

另外一種常見的分段標準，是以每一事件或行為為獨立的段落，常用於事實項，並通常係按時間順序。

按事件或行為分段，固然可明顯區別每一事件或行為，惟於事件與行為繁多龐雜時，除應利用編號外，更應按時期加以分類，必要時，更應製作圖表（例如時序表、關係表）以輔助說明。

㈣注意篇幅

段落應考量到篇幅的限制，段落篇幅過長，跨頁（或翻頁）的篇幅，可能造成注意力降低、思慮中斷或片段遺漏，因此，即便單一主張（或段落），篇幅最好不要超過一頁。

一個段落，倘若橫跨數頁，除了對造律師「可能」會仔細看以外，連當事人都不能期待會仔細看，有時甚至懷疑律師自己本身，是否真的能清

楚瞭解自己的主張或論理。

當然，段落跨頁是無法避免的，我們無法控制每一段落都結束在每一頁最後一行，然而，在特別重要的段落，應該盡可能將該段落置於同一頁當中[18]。

前已論及，在執業生涯中，律師面對太多不可預知的因素，律師所能做的，就是儘量減少風險。律師在撰擬文書時，時常必須「字」斟「句」酌，以此推演，關於「段落」或「篇幅」的影響，自不能以枝微末節視之。

篇幅和版面是息息相關的，除了篇幅精簡的要求外，版面亦應整齊美觀，以下為筆者關於篇幅及版面的建議：

❶ 自行定義簡稱

重複出現的專有名詞、專業用詞、標的（物），如果字數過長時，即應在第一次出現時，自行定義簡稱，例如：某某建設股份有限公司（下稱[19]「某某公司」）。

至社會上一般習慣使用的簡稱，及行政機關的簡銜，仍應先使用全名並定義簡稱，例如：臺北市政府捷運工程局（下稱「捷運局」）、交通部高速公路局（下稱「高公局」）。

❷ 使用阿拉伯數字

行政機關文號、地號、請求金額、標的物編號等，可使用阿拉伯數字以節省篇幅（也請注意附錄 3「公文書橫式書寫數字使用原則」）。

---

[18] 除了調整文字字數外，利用文書處理軟體的功能，亦可達到控制篇幅及段落的目的。

[19] 也可用「以下稱」、「以下簡稱」等語，但不要浪費篇幅寫「以下均簡稱為」。

③ 減少不必要的縮排及空白

為便於讀者瞭解段落的層次及組織，縮排固然非常重要，在使用全形數字及符號一、（一）、（１）為編號時，因為編號依次縮排，並指定凸排方式，有時縮排造成的空白即占了三分之一（甚至二分之一），一頁幾乎寫不到多少內容，即很容易造成段落及篇幅過長。

就全形字造成的空白過多的問題，除使用半形數字及符號一.、(一) 為編號外，可利用造字，將編號限縮為一全形字（例如：㈠、(1)），減少不必要的縮排。

當然，版面美觀與否，並無客觀標準，可能有不同的意見。以下的方法，雖可以精簡篇幅，但筆者個人並不建議使用：

① 標點符號使用半形字

使用半形的標點符號，固然可以節省不少篇幅，但因半形、全形字交錯，版面略嫌凌亂，且由於半形字的字體較小，容易被忽略，造成閱讀不便。

② 縮小字體及行距

有時為版面要求，會縮小字體及行距，甚至一頁將近 30 行。事實上，過小的字體及行距，會造成閱讀的不便，最好還是以每頁 25 行為上限。

四. 編號、標題及層次

前已述及，由於律師文書的篇幅過長，律師文書必須利用段落代替句點的停頓功能，有時律師文書已無法使用段落區別相同或相異的內容。為

使律師文書的組織分明，故須利用編號、標題及層次，以區別及組織內容，從而，大量使用編號、標題及層次，為律師文書的特色，甚至為基本要求。

善於利用編號、標題及層次，除了便利閱讀外，由於清楚架構事實、爭點及論理，亦有助於增加說服力。

假設：某一證據或爭點，甲、乙兩造各提出五項主張，惟甲方集中並將其五項主張編號，而乙方則於六、七個段落中提出其主張。則由於乙方並未組織及歸納其理由，乙方的理由即容易被同化[20]或遺漏，故在考量有無理由時，甲方即會較占優勢。

當然，判斷爭點或主張有無理由，並非僅以數量決定，但可視之為不同的角度，越多的角度，越強的說服力，尤其關於證據的證明力，如能將理由一一逐項說明，自然較分散主張為佳。

以前例而言，如果乙方明明有五項不同的主張，卻因編排方式被認為僅有三項主張，不僅可惜，甚至冤枉。

㈠編　　號

將段落予以編號，幾乎已成實務慣例。除了篇幅甚短的文書，幾乎所有的文書都會加上編號。

編號的方式，並無一定的限制，最常見的格式是以國字小寫（即一、二、三）將段落編號，編號與內文間則以「、」或「‧」為區隔。如有細分段落的必要，則另以「㈠」、「 1.」、「(1)」為編號。

另外，倘段落層次眾多，亦有以國字大寫（即壹、貳、參）為段落編號，其次為「一、」、「㈠」、「 1.」、「(1)」，個人習慣不同，亦有以英文字母為標號者。至於以天干地支為段落編號[21]，在目前實務上並不多見，通常

---

[20] 誤以為其中數項主張係相同或相仿，尤其容易發生在相隔數段落的主張。

[21] 使用天干地支常見於實務法律問題研究及教科書中，因為其中案例並非具體個案，故以

見於前述常用的編號用罄之時。

至於使用「章」、「節」，因必須冠以「第某章」、「第某節」，且通常每次篇幅不至數十頁，故在法院實務上並不多見[22]，惟在非訟業務中（例如：法律意見書、契約），則可常見區分章節的情形。

㈡標　題

標題在實務上也被廣泛使用，尤其在長篇幅的段落，常使用標題以提綱挈領。

使用標題的目的，在於幫助瞭解段落的主旨及結論。說明主旨的標題，即在簡要說明段落的主要內容，例如「事實簡述」、「待證事實」、「調查理由」等等；至於說明結論的標題，其目的則在強調結論，例如「本件起訴並不合法」、「本件無管轄權」、「原告不得為訴之變更追加」。

標題的長度，並無一定的限制，有人習慣以一句、一行為標題的限制，但也可常見標題長達五、六句話者。就此，如前所述，標題的目的在於提綱挈領，自應以精簡為原則，但也無須嚴格限制句數，如果確實無法於一句、一行為標題，還是以表達完整意思為優先。請參考下面比較及說明：

本件訴訟標的，限於仲裁法第 38 條第 1 項第 2 款及第 40 條第 1 項第 4 款規定	過於簡略
本件訴訟標的，限於仲裁法第 38 條第 1 項第 2 款「仲裁判斷書應附理由而未附」及仲裁法第 40 條第 1 項第 4 款其中「仲裁程序違反仲裁協議」	同一條項中有不同的訴訟標的，於標題中仍應具體表明

天干地支區別不同的當事人、立場或理由（並非標明段落編號）。而在律師文書中，由於涉及具體的當事人及事實，並無如此需要。

[22] 在法院實務中，鑑定報告常區分章節。

原審係以雙方合約明確之約定為判決基礎，並無任何「違背論理法則及經驗法則」之情事	可以再為精簡
原審判決並無違背論理法則及經驗法則之情事	表明結論即可，其理由可於內文中說明
原審判決違反民法第 252 條：「約定之違約金額過高者，法院得減至相當之數額」，並未審酌上訴人請求酌減過高違約金之主張，亦未說明其理由	若指全部條文，法條內容可以精簡
原審判決未審酌上訴人請求酌減過高違約金之主張，亦未說明其理由	如上訴第三審，應加入法條條號，以表示具體指摘
原審判決違反民法第 252 條規定，並未審酌上訴人請求酌減過高違約金之主張	判決違背法令及判決不備理由為不同第三審上訴事由，應分別表明
原審判決違反民法第 252 條規定，並未審酌上訴人請求酌減過高違約金之主張，亦未說明其理由	上訴三審時的標題
原審就本件是否符合撤銷權「有害其債權」之要件，有民事訴訟法第 469 條第 1 項第 6 款判決不備理由、不應適用而適用民法第 244 條規定之違法	當然違背法令事由，無須記載條號
原審就本件是否符合「有害其債權」要件，有判決不備理由、不應適用而適用民法第 244 條規定之違法	後面已提及民法第 244 條規定，故可以省略「撤銷權」三字

　　標題的內容，並非永遠固定不變，例如：在上訴第三審時，由於必須具體指摘，故宜在標題即為具體指摘，從而，上訴第三審的上訴理由狀，其標題較其他書狀為詳細。相同的主張，依審級的不同，即須變更為不同的標題：

原審判決違反民法第 252 條規定，並未審酌上訴人請求酌減過高違約金之主張，亦未說明其理由	上訴三審時的標題

原審並未審酌上訴人請求酌減過高違約金之主張，亦未說明其理由	上訴二審時的標題，亦可刪除「亦未說明其理由」等語
本件應酌減違約金	在一、二審時，用此簡單的標題即可

另外，標題雖具有提綱挈領的作用，為段落內文的主旨或結論，但標題「並非」段落內文（或論理）的一部分。從而，使用說明結論的標題時，在段落內文中仍要載明結論，不宜省略結論。

蓋審閱律師文書，必須費神思考，從而，讀者的思緒隨標題而進入段落本文後，即不能期待讀者還記得標題（或結論），當找不到結論時，也不能期待會再回頭找尋結論，甚至，也不能期待讀者會發現或瞭解標題即為結論，如將段落內文的結論省略，很可能被誤認沒有結論，此時，不論代為猜測結論，抑或進而忽略主張，都是律師不願意見到的。

請看以下範例：

範例 19

一.上訴人112年3月28日追加訴訟標的並不合法：

按提起撤銷仲裁判斷之訴，應於判斷書交付或送達之日起，30日之不變期間內為之，仲裁法第41條第2項定有明文，從而，提起撤銷仲裁判斷之訴，如未於30日之不變期間起訴（或變更、追加）者，其起訴（或變更、追加）即屬不合程式。查本件上訴人僅於30日之不變期間內主張系爭仲裁判斷有仲裁法第38條第1項第2款「仲裁判斷書不附理由」之事由，是上訴人112年3月28日上訴理由狀復行追加撤銷仲裁判斷事由，顯與仲裁法第41條之規定不符。

範例20

一. 上訴人112年3月28日追加訴訟標的並不合法：

　　按提起撤銷仲裁判斷之訴，應於判斷書交付或送達之日起，30日之不變期間內為之，仲裁法第41條第2項定有明文，從而，提起撤銷仲裁判斷之訴，如未於30日之不變期間起訴（或變更、追加）者，其起訴（或變更、追加）即屬不合程式。查本件上訴人僅於30日之不變期間內主張系爭仲裁判斷有仲裁法第38條第1項第2款「仲裁判斷書不附理由」之事由，是上訴人112年3月28日上訴理由狀復行追加撤銷仲裁判斷事由，顯與仲裁法第41條之規定不符，渠112年3月28日追加訴訟標的並不合法。

　　在段落內文載明結論，不僅便於閱讀[23]，整個段落（及論理）才完全。段落內文中省略結論，很可能發生：必須重新審閱（可能還是找不到）、猜測結論（可能並非欲主張的結論）或忽略主張（誤以為遺漏結論或主張無理由）等情形。只因為省一句話，而冒如此風險，何苦？

㈢層　次

　　為區別內容，必須將段落編號，為組織內容，則需要不同層次的段落。司法實務文書中，常利用編號及層次，以組織或區別相同或相異的內容。

　　關於不同層次的段落編號，前已提到「壹、」、「一、」、「㈠」、「1.」、「⑴」等等方式，亦有以英文字母、天干地支為標號者，個人習慣不同。

　　在使用層次編號時，雖然個人習慣不同，但必須注意「一致性」，應按順序使用層次編號，而不應任意編號，造成閱讀及校對的困難，例如：

---

23 因為依序一行接一行，一段接一段，無庸瞻前顧後，左顧右盼，即可順利流暢。

範例 21

一. 標題一：
　　㈠內文
　　㈡內文
二. 標題二：
　　1.內文
　　2.內文
　　3.內文
三. 標題三：
　　(1)內文
　　(2)內文

　　除了同一文書內的層次編號應一致以外，在訴訟中，歷次書狀亦應使用相同一致的層次編號，否則，將來在引用歷次書狀或整理言詞辯論意旨狀時，必須花費許多時間在調整編號及格式上面[24]。

　　如果養成習慣，不僅同一案件的文書可以迅速引用，不同案件間的文書，倘層次編號均一致，不論引用，或將來製作例稿，都將相當便利，使用相同的層次編號，確有其必要。

　　使用層次編號時，最常遇到的問題是縮排及凸排對齊後所造成的留白太大，以致浪費篇幅，造成頁數過多的情形（或印象），尤其在使用全形數字及符號的情形。例如：

---

[24] 即使交由助理打字及調整格式，還是必須花時間校對及調整編號。

範例 22

壹、本件上訴無理由：

一、本件違約金並未過高：

（一）本件違約金，係上訴人依自由意思所為之任意給付，自不得請求返還：

1‧上訴人主張，顯然違反最高法院 79 年台上字第 1915 號判例：

（1）按約定之違約金過高者，法院得減至相當之數額，民法第 252 條定有明文。至於是否相當，即須依一般客觀事實，社會經濟狀況及當事人所受損害情形，以為斟酌之標準。且約定之違約金過高者，除出於債務人之自由意思，已任意給付，可認為債務人自願依約履行，不容其請求返還外，法院仍得依前開規定，核減至相當之數額，最高法院 79 年台上字第 1915 號判例定有明文。

由以上範例，由於使用全形數字及符號，依次縮排對齊的結果，造成縮排空白過大，在引用最高法院判例後，即已超過 14 行，不僅不經濟，亦容易因跨頁而遺漏主張。

在調整層次編號的格式後，前一範例可濃縮為 10 行：

範例 23

> 壹、本件上訴無理由：
>
> 一. 本件違約金並未過高：
>
> 　㈠本件違約金，係上訴人依自由意思所為之任意給付，自不得請求返還：
>
> 　　1.上訴人主張，顯然違反最高法院 79 年台上字第 1915 號判例：
>
> 　　　⑴按約定之違約金過高者，法院得減至相當之數額，民法第 252 條定有明文。至於是否相當，即須依一般客觀事實，社會經濟狀況及當事人所受損害情形，以為斟酌之標準。且約定之違約金過高者，除出於債務人之自由意思，已任意給付，可認為債務人自願依約履行，不容其請求返還外，法院仍得依前開規定，核減至相當之數額，最高法院 79 年台上字第 1915 號判例定有明文。

　　附帶一提，關於版面及格式，由於甚多律師或不須親自打字，或不熟悉電腦，或沿用事務所既有的軟硬體，或覺得實質重於形式，或認為僅為枝微末節，故對於版面、格式等文件的外觀，並未特別留心注意，甚至認為只要不是手寫即可。

　　但文書的形式，有如律師的衣著及口才，雖無須鋪錦列繡，但至少須整潔合宜，名實相符。姑不論當事人即使無法辨別內容優劣，但甚易鑑別形式是否正確及用心[25]；事實上，調整版面及格式，並不須耗費多少時間[26]，稍加留心，養成習慣後，日後根本無須費心調整版面或格式。

　　另外，即使不是為了給法官好印象，就律師本身言，律師撰擬文書並

---

[25] 試想：倘若律師支付昂貴的鑑定費用後，卻看到連段落不齊、編號錯置、格式凌亂的鑑定報告，應如何看待此份鑑定報告？

[26] 尤其對秘書或打字人員而言，況且，目前文書編輯軟體的功能已相當完備。

不輕鬆，整齊美觀的版面及格式，雖不致減輕壓力，但至少在校對時不會傷眼費神。

五. 整體架構

律師文書不是八股文，也無須起、承、轉、合，但仍需注意整體架構。

所謂「架構」，即結構或骨架，架構完全，實體內容方有所附麗，架構也可視為大綱，故決定文書架構，即為決定文書的大綱。

而整體架構，即文書的「面」的內容，其目的在於面面俱到，避免有所缺漏。

至於各種律師文書的整體架構，因種類、目的而有所不同，留待以後討論各別律師文書再為說明。

6 法院書狀

一. 書狀的名稱

　　訴訟行為如以書面方式為之，即可以該訴訟行為作為書狀的名稱（例如：起訴狀、上訴狀、異議狀）。但實務上，書狀的名稱，並非完全依訴訟行為命名，例如，雖然攻擊防禦為訴訟行為之一，但實務上沒有稱書狀為攻擊狀或防禦狀。

二. 書狀（或狀紙）的格式

　　依司法狀紙要點第 2 條及民事訴訟書狀規則第 3 條規定，司法狀紙大小規格，應為 A4 尺寸（寬 21 公分、高 29.7 公分），並應以中文直式橫書方式書寫。以手寫方式製作書狀者，應依格式一（見附錄 4、5 格式一）製作。以電腦或其他印刷方式製作書狀者，應依格式一或格式二（見附錄 4、5 格式二）製作。

　　為便於說明，本書將格式一稱為有格線的書狀（或狀紙），格式二稱為無格線的書狀（或狀紙）。

(一)有格線的狀紙

有格線的狀紙適用於手寫、電腦或其他印刷方式。在司法狀紙要點修正前，書狀僅可使用司法院印製的有格線的狀紙，現在雖然可使用無格線的狀紙，但由於有格線狀紙的格式整齊，閱讀方便，甚多律師仍習慣使用有格線的狀紙。

有格線的狀紙，分為首頁（狀別、案號、當事人）、中頁（本文）、底頁（法院、日期、具狀人），得雙面列印[1]，其邊界大小於司法狀紙要點、民事訴訟書狀規則均有明確的規定。

有格線的狀紙，其優點在於整齊劃一，閱讀方便，且由於欄位明確，除便於閱讀，亦可避免遺漏；至其缺點，則為格式複雜，製作不易[2]。

有格線的狀紙，由於欄位明確，使用上應無太大疑問，司法狀紙要點、民事訴訟書狀規則亦予以說明。為便於參考，以下引用民事訴訟書狀規則關於無格線狀紙的說明，並補充說明如後：

欄　　位	民事訴訟書狀規則說明	補充說明
狀　　別	依書狀種類記載，例：民事起訴狀、答辯狀、準備書狀等	
案號及股別	法院受件之案號及承辦股之代號，若案件尚未分案，則省略	
訴訟標的金額或價額	若無此項，則省略	由於訴訟標的之價額，由法院核定，故實務上常省略記載。

---

[1] 雙面列印除了經濟、環保外，亦可減少書狀的「厚度」，惟雙面列印（包括影印）較為費時費力，仍有律師偏好單面列印（及影印）。

[2] 雖然目前司法院在其網站提供電子檔，但因其格線及格式複雜，不易編排及製作。

欄　位	民事訴訟書狀規則說明	補充說明
稱　謂	如有法定代理人、訴訟代理人及輔佐人等，則由上往下逐一分項記載	稱謂應明確記載，例如「共同訴訟代理人」、「右二人共同辯護人」、「兼法定代理人」等。 於上訴時，除載明上訴審稱謂外，亦應載明何人為原、被告，例如「上訴人即被告」。
姓名或名稱 身分證統一編號或營利事業統一編號		如為法人，應載明全名；如為機關，應載明全銜。 刑事案件較常記載身分證統一編號。 營利事業統一編號通常省略。
性　別		常省略。
出生年月日		常省略。
職　業		常省略。
住居所或營業所、郵遞區號及電話號碼 電子郵件位址		律師既為代理人，基於保護當事人等因素，通常不記載當事人的電話號碼，而僅記載律師的電話號碼。 由於電子郵件並非法定送達方式，故記載電子郵件目前並不多見。
送達代收人姓名、住址、郵遞區號及電話號碼		如以律師為送達代收人，即使委任書已有載明，仍應於首頁載明（甚至變換字體強調），由於當事人欄已有律師的地址，故可簡略記載為「送達代收人：某某某律師」。 如以第三人為送達代收人，則應詳細列明。
本　文	依民事訴訟法所規定各式書狀之內容順序，由上往下逐一分項記載；如有證據，請一併載明	即中頁部分。

欄　位	民事訴訟書狀規則說明	補充說明
法院名稱	全銜	
證物名稱及件數		注意民事訴訟法第 118 條規定[3]，並請參照「14 證物及附件」的說明。
日　期		以電腦製作書狀時，如為避免塗改，可僅先載明年、月，於送狀時再手寫填上日期。
具狀人	簽名蓋章	民事訴訟法第 117 條：「當事人或代理人應於書狀內簽名或蓋章。其以指印代簽名者，應由他人代書姓名，記明其事由並簽名。」

　　有格線的狀紙首頁，雖有甚多當事人資料的欄位，但實務上常省略部分欄位，其理由，或基於保護當事人（省略電話、省略居所），或非必要資訊（省略傳真、電子郵件），或法院判決亦不記載（營利事業統一編號），理由各有不同，且不同的程序，可省略的欄位亦不相同。

　　為避免爭議，可參照法院（民、刑事）判決書的記載。

　　至於代理人（辯護人）的記載，則與當事人有別，其原則為省略人別資料，而完整載明聯絡資料，為便於說明，表列如下：

---

[3]　民事訴訟法第 118 條：「當事人於書狀內引用所執之文書者，應添具該文書原本或繕本或影本；其僅引用一部分者，得祇具節本，摘錄該部分及其所載年、月、日並名押、印記；如文書係他造所知或浩繁難以備錄者，得祇表明該文書。

當事人於書狀內引用非其所執之文書或其他證物者，應表明執有人姓名及住居所或保管之機關；引用證人者，應表明該證人姓名及住居所。」

欄　位	是否記載	說　明
稱　謂	記載	應特定、明確，當事人有數人時，應表明為特定或全部當事人之代理人。
姓　名	記載	如為律師，應表明為律師。
身分證統一編號	不記載	
營利事業統一編號	無此資料	
性　別	不記載	
出生年月日	不記載	
職　業	不記載	
住居所或營業所	營業所	事務所名稱及營業所住址，應一併載明。
郵遞區號	記載	
電話號碼	記載	如有分機號碼，應一併載明。
傳真號碼	可記載	
電子郵件位址	可記載	
送達代收人	僅記載姓名	

　　另外，實務上亦可見在第二份書狀以後，除稱謂及姓名外，其餘欄位僅表明「均詳卷」，此種記載方式，除省時及避免抄繕錯誤外，亦可表示資料並未變動。

㈡無格線的狀紙

　　無格線的書狀，由於無需繁複的設定，甚多律師於司法狀紙要點修正後，即採用此格式製作書狀。

　　無格線的狀紙格式，依照民事訴訟書狀規則的說明，僅須逐一分項連

續記載，不分首頁、中頁及底頁。

使用無格線的書狀格式時，並應注意下面幾點：

1. 過小的字體、字距及行距，並不便於閱讀，故雖然可自由調整字體、字距及行距，惟每頁的行數，最好不要超過 25 行。

2. 在同一書狀的格式應儘量統一，應避免一再變換字距及行距的大小，同一書狀中強調字體也不要太多變化 （黑體 、 加底線 、 加網底……），以求版面的美觀整潔。

7 民事起訴狀

一. 起訴狀範本

　　起訴狀的範本，非常容易從書本或從網路取得，尤其在特定類型的案件，例如：票據、請求履行同居義務等，幾乎填上當事人姓名及事實即可。然而，使用範本，固然節省擬稿的時間，但由於無庸勞神費心，很容易發生錯誤或遺漏，故使用範本時，應增加校對的時間。

　　當然，並非所有案件都有範本可供參考，訴之聲明及書狀範本上提供的資料，常常不能符合當事人的要求。此時，除了教科書、期刊、論文外，各級法院的判決是非常重要的參考資料來源，藉由參考各級法院的判決，除了知悉最新實務見解，更可確認訴之聲明是否正確、主張是否有所遺漏、分析對方可能的主張等，其實益應無庸贅述。

　　目前各級法院的判決，恐已非汗牛充棟所能形容，所幸藉由網路科技的協助，在司法院網站「法學資料全文檢索系統」上即可檢索包括各級法院的判決、判例、司法解釋等實務見解[1]，藉由全文檢索的功能，輸入特定語詞，即可找到相關的法院判決，免費、簡單、迅速、完整，如不善加利用，豈不可惜？

---

[1] 詳細的收錄資料範圍，請查閱司法院網站上公告。

動筆寫起訴狀前，不論之前是否辦過類似案件，花幾分鐘至「法學資料全文檢索系統」，開卷有得[2]，現在上網也算開卷。

二. 訴訟標的（或請求權基礎）

關於民事訴訟法第 244 條起訴狀應記載的事項，「當事人及法定代理人」，在前面「書狀（或狀紙）的格式」中已有說明；關於「應受判決事項之聲明」，有甚多資料及範本可供參閱，無庸贅言。以下僅就「訴訟標的及其原因事實」為說明。

何謂訴訟標的，在教科書中有詳細的說明，應不是問題；應表明訴訟標的，民事訴訟法已有明確規定，也不成問題。比較有問題的是：「如何」表明訴訟標的？

常有律師告誡，表明訴訟標的，應秉持「亂槍打鳥」（而且是散彈槍）、「寧枉勿縱」的原則，更不要明確指明法條。當然，也有律師認為，法院或對造律師，通常都會要求具體表明訴訟標的，與其敷衍蒙混，不如在起訴狀即具體表明訴訟標的。

何種方式可採？或「較為」可採？是見仁見智，難有定論的。如果分析其間利弊得失，可簡單表列如下：

	模糊訴訟標的（甚至不表明）	具體表明訴訟標的
利	預留轉圜補充餘地，避免掛一漏萬	減少無謂爭點，有利訴訟進行
弊	法院或對造律師指摘並要求補正 爭點繁複，導致訴訟延滯	可能掛萬漏一 可能引發訴之變更追加的爭議 可能導致突襲性裁判

---

[2] 陶淵明，與子儼等疏：「少年來好書，偶愛閑靜，開卷有得，便欣然忘食。」

　　筆者以為，目前不要求具體表明訴訟標的的法官（歷審法官）與對造律師，已屬少見，具體表明訴訟標的，是「遲早」的問題，目前允許訴之變更追加的範圍已甚寬鬆，與其浪費時間在爭執及釐清訴訟標的，不如在起訴時即具體表明，倘若無法確定時，亦應一併具體表明[3]。

　　事實上，模糊（或不表明）訴訟標的，並非真有轉圜補充的餘地，實務上，法院突然要求具體表明訴訟標的的情形，所在多有（甚至在言詞辯論終結時），此時因僅得以言詞表明，復以筆錄記載常不周全，即甚容易有所缺漏，甚至發生突襲性裁判的情形[4]。

　　也可以如此說，即使不在起訴狀中明確表明訴訟標的，遲早必須表明，而且，不論在書狀中是否已表明，仍要準備隨時可以具體表明訴訟標的（及請求權基礎）。

三. 原因事實與事實簡述

　　民事訴訟法第 244 條雖規定「訴訟標的及其原因事實」，但實務上絕大部分的起訴狀，是以原因事實為重點，訴訟標的所占比例反而有限。

　　最常見的起訴狀架構，「事實及理由」項的第一段即為「事實簡述」，亦即將「事實及理由」項，按「事實」及「理由」依次說明。

　　對法院言，每一案件都是完全陌生的事實，從而，先簡述事實，有助於法院瞭解事實背景及全貌；反之，倘未簡述事實，而將事實附隨於訴訟標的，

---

[3] 此時雖不用具體表明合併的類型，但應準備以免法院突然要求表明。

[4] 法院突然要求具體表明訴訟標的時，應避免以言詞方式表明，如起訴狀或其他書狀已具體表明，應表明書狀出處（並注意筆錄記載）。如書狀未曾具體表明者，應請求另以書狀方式表明；如不准或無法以書狀表明時，應仔細思考，逐條逐字表明，更應注意筆錄的記載是否完備。

由於事實並不完整連貫，即可能造成事實的割裂或重複，有礙於事實發現。

起訴狀的事實簡述，是原告於訴訟的優勢，自應善加利用，更應謹慎小心。由於法院審閱起訴狀時，並無對造書狀或事實「干擾」（或破壞），起訴狀是法院對事實的第一（且唯一）印象，為建立法院有利心證的最好時機。然而，另一方面，因為起訴狀為第一印象，如果法院在尚未審閱被告書狀前，即有不利的心證，原告勢必面對甚為艱苦的挑戰，故起訴狀的事實簡述，應該謹慎小心。

撰擬事實簡述，有依循「簡單」、「有據」及「不爭」的原則：

(一)簡　單

事實簡述，是提供事實背景及全貌，僅須表示綱要及時序，不用鉅細靡遺，詳細的事實及證據，可留待理由部分再說明。

如前所述，法官是忙碌的讀者，冗長、複雜的事實簡述，不僅無法達到提綱挈領的效果，甚可能造成法院認為案件非常龐雜繁複的印象。冗長無關的事實簡述，不啻自己設下障礙阻撓訴訟。

另外，於簡述事實時，應重在事實的陳述，除非必要，應避免夾雜法律主張，造成「事實」及「理由」不分。

(二)有　據

事實簡述，雖應避免夾雜法律主張，但仍應注意與「理由」及「證據」的呼應。亦即，事實簡述，是將原告主張的事實部分，先為概略陳述，並非即無需理由或證據，事實簡述中的每一事實，都應與其後的理由及證據相呼應。例如，在起訴狀範例中常見「屢經催討無效」、「一再拒絕清償」[5]

---

[5] 「屢經催討無效」和「一再拒絕清償」都表示債務並未清償的事實，語意上似無太大差

等用語，此時除關於「催討」、「拒絕清償」的證據外，亦應注意是否有「屢經」或「一再」的證據，倘僅寄過一份存證信函，即不應表示「屢經」或「一再」。

簡述事實時，每一事實，都應注意是否有證據（立即或將來、直接或間接）可資證明，切勿逞一時之快，作繭自縛。很多律師有如此的經驗，有時自己給自己設的難題，反較法院或對造律師提出的問題難解，真可謂「天作孽，猶可違；自作孽，不可活[6]」。

須注意者，前述所謂與其後的理由及事實相呼應，並非表示應在起訴狀內「提出」所有的理由與證據，非必要、間接、補充、有爭議的事實，僅須注意或預備其理由與證據，不須且不應將理由證據傾巢而出，而應考量其間輕重緩急、利弊得失。

至於在簡述事實時，是否須對每一事實「立即」表明證據？或有不同的意見，就此，筆者以為，倘證據無須加以說明，或與理由無關時，則可立即表明，例如「屢經催討無效（原證一號、原證二號）」；反之，如證據尚須加以說明，或證據與理由的關係較為密切時，則可不須立即表明證據，可以留待理由部分再為表明，例如前述情形，倘契約中另有關於催告的規定，則可留待理由部分再為說明。

(三)不　爭

事實簡述應「不爭」，應避免陳述不確定、爭議的事實，更忌用情緒文字，最好的事實簡述，是以雙方都不爭執（或無法爭執）的事實為主，而

別，但簡述事實時，以表示「屢經催討無效」較妥，其理由請自行思考。

6　孟子・公孫丑上：「今國家閒暇，及是時般樂怠敖，是自求禍也。禍福無不自己求之者。詩云：『永言配命，自求多福。』太甲曰：『天作孽，猶可違；自作孽，不可活。』此之謂也。」

在關鍵隱微之處，輔以原告所欲主張的事實，以期法院形成有利的心證。

當然，對原告律師的陳述，自不能期待客觀而不偏頗，然而，正以法院有原告主張容有爭議的「推定」，更不應在簡述事實時，夾雜充斥不確定、牽強，或明顯有爭議的事實，坐實法院的推定。

可以如此說，簡述事實的最高目標，固然是希望法院形成有利心證，但基本目標，則是表明事實及限縮爭點，即使無法令法院形成有利的心證，亦不應紊亂事實或爭點，更不可操切從事，打草驚蛇，令法院形成不利的心證。

四. 定法院管轄及其適用程序所必要之事項

由於民事訴訟法第 244 條第 2 項僅規定:「訴狀內『宜』記載因定法院管轄及其適用程序所必要之事項」，故管轄及其適用程序所必要之事項，並非必要記載事項，因此，很多起訴狀時常省略記載管轄及其適用程序所必要之事項。

然而，管轄及其適用程序所必要之事項，最好視之為「必要」記載事項，蓋民事訴訟法關於管轄及適用程序，定有諸多的規定，如逕以非必要記載事項視之，即有被忽略的可能及風險。反之，倘視之為必要記載事項，在撰擬時即可再次檢視關於管轄及適用程序的規定，避免不必要的風險。

當然，法院裁定移轉管轄，並不是多嚴重的事，但於磨刀霍霍之際，卻收到移轉管轄的裁定，即使當事人不怪罪，亦有害士氣，還有登錄當地律師公會問題，倘若另有差池，即可能再衰三竭[7]。

---

[7] 左傳·莊公十年:「既克，公問其故。對曰:『夫戰，勇氣也。一鼓作氣，再而衰，三而竭。彼竭我盈，故克之。』」

至於記載定法院管轄及其適用程序所必要之事項的段落，因該等事項是基於原告主張之事實[8]，故可考慮記載於事實簡述後，例如：「按因不動產之物權或其分割或經界涉訟者，專屬不動產所在地之法院管轄，民事訴訟法第 10 條第 1 項定有明文，本件請求塗銷系爭土地之所有權移轉登記，自係因不動產物權涉訟，應專屬系爭土地所在地之鈞院管轄，至為灼然[9]」；至於在理由項最末段「併此陳明」，亦無不可。

五. 起訴狀中關於準備言詞辯論之事項

依民事訴訟法第 244 條第 3 項規定：「第 265 條所定準備言詞辯論之事項，『宜』於訴狀內記載之」，則另參照同法第 265 條規定：「當事人因準備言詞辯論之必要，應以書狀記載其所用之攻擊或防禦方法……」，可知為準備言詞辯論之必要，原告宜於起訴狀內記載其所用之攻擊或防禦方法[10]。

何謂攻擊或防禦方法，民訴教科書上固然多有所說明，但仍嫌抽象，而應參考民事訴訟法第 266 條規定：「原告準備言詞辯論之書狀，應記載下列各款事項：

---

8 參見最高法院 65 年台抗字第 162 號判例：「管轄權之有無，應依原告主張之事實，按諸法律關於管轄之規定而為認定，與其請求之是否成立無涉。本件相對人依其主張，既係向契約履行地之法院起訴，按諸民事訴訟法第 22 條規定，原第一審臺北地方法院即非無管轄權。至相對人主張之契約是否真正存在，則為實體法上之問題，不能據為定管轄之標準。」

9 參見最高法院 74 年台上字第 280 號判例：「依被上訴人所訴之事實觀之，其請求上訴人塗銷系爭土地之所有權移轉登記，顯在行使系爭土地所有人之除去妨害請求權，自係因不動產物權涉訟，依民事訴訟法第 10 條第 1 項規定，應專屬系爭土地所在地之臺灣花蓮地方法院管轄。」

10 民事訴訟法第 244 條第 3 項規定，是否第 266 條的誤？不無疑問。

一、請求所依據之事實及理由。

二、證明應證事實所用之證據。如有多數證據者，應全部記載之。

三、對他造主張之事實及證據為承認與否之陳述；如有爭執，其理由。」

從前揭法條（甚至民事訴訟法「言詞辯論之準備」乙節），可知關於起訴狀或準備狀，應如何記載準備言詞辯論之事項，民事訴訟法並無任何具體的規定，所謂「事實」、「理由」與「證據」等，為任何書狀的基本要素，不因書狀類別而有差異。則民事訴訟法第 266 條規定的意旨為何？應如何撰擬準備言詞辯論之書狀？準備書狀及準備程序應如何對應？此部分涉及民事訴訟理論及制度等諸多問題，在此不擬加以討論。

如僅就實務的觀點，討論起訴狀如何記載準備言詞辯論之事項，最重要的問題在於如何清楚表明請求所依據之事實、理由及證據。

要清楚地表明請求所依據之事實、理由及證據，前於討論「如何決定架構」時已有論及，最有效的方式，亦即應按構成要件，以法條上、判例上或學說上的構成要件為主要架構，依次分段論述，俾強調本件起訴符合所有構成要件。

以下為主張惡意遺棄請求離婚的起訴狀範例，須注意者，本範例除依民法第 1052 條第 1 項第 5 款規定要件外，並參照最高法院 40 年台上字第 91 號判例、最高法院 49 年台上字第 1251 號判例：「夫妻之一方以惡意遺棄他方者，不僅須有違背同居義務之客觀事實，並須有拒絕同居之主觀情事，始為相當」。

範例 *24*

壹、事實簡述[11]

貳、本件請求符合民法第 1052 條第 5 款之規定：

　　一. 被告有違背同居義務之客觀事實

　　二. 被告有拒絕同居之主觀情事

　　三. 被告惡意遺棄仍在繼續狀態中

參、本件鈞院有管轄權

　　前面已經談過，如以構成要件為架構表明起訴理由時，應注意下面幾點：

　　1. 構成要件必須完整，倘不確定是否符合所有構成要件，切勿強相套用，以免自曝其短。

　　2. 以學說上構成要件為架構，必須為通說（最好亦為實務通說）。

　　3. 構成要件的順序，應視具體情形決定，並無絕對的順序；惟無論如何，不宜毫無順序，任意排列。

　　4. 各構成要件宜載明標題，以提綱挈領、幫助審閱。

六. 建立檢查表

　　不少律師感慨：訴訟中犯較少錯誤的一方，即是勝訴的一方。

　　起訴以後，訴訟即由法院主導，隨時間及眾多變數的交錯影響，其最後結果，固然非律師所得預料，但律師仍應控制風險，減少錯誤的發生。

---

[11] 如前所述，構成要件的各要件，其時間可能交錯倒置，如未另加上事實簡述，即無法就事實為完整的說明。

控制訴訟風險，減少錯誤的發生，固然需要經驗的傳承及累積，但亦可藉由建立檢查表的方式，來進行風險管理。完成起訴狀初稿後，律師應藉由檢查表，一一核對，減少錯誤的發生。

建議檢查表可包括下列項目，律師最好自行建立檢查表，以利增補：

	類　別	檢查項目
1	程　序	□是否為通常訴訟程序？ □可否上訴第三審？是否已告知當事人？
2	時　效	□請求權的時效期間？ □時效期間的起算點？ □有無中斷？中斷時效的證據為何？
3	審判權 管轄權	□是否屬普通法院之權限？ □有無合意管轄？ □是否為專屬管轄？ □受訴法院有管轄權的依據為何？
4	能　力	□原告或被告有無當事人能力？ □原告或被告有無訴訟能力？法定代理人有無合法代理？
5	代　理	□代理權、委任書有無欠缺？ □當事人為外國自然人、法人時，委任書是否已經公、認證？
6	程式及要件	□起訴是否不合程式或不備其他要件？ □有無仲裁條款？調解條款？ □是否為應經法院調解之事件[12]？
7	訴訟標的	□訴訟標的為何？有無表明？ □是否違背第 253 條、第 263 條第 2 項之規定？或其訴訟標的為確定判決之效力所及？ □有無當事人不適格的情形？
8	當事人	□當事人欄位記載是否正確、完備[13]？ □是否為必要共同訴訟？

[12] 當事人委託律師起訴，如未事先向當事人說明，卻收到法院的調解通知書，雖無礙程序的進行，畢竟不好交代。

[13] 如當事人其中之一為公司，則除當事人提供的資料外，應先至經濟部「公司登記資料及

9	訴訟費用	□計算訴訟費用的依據為何？ □繳納訴訟費用的時間及方式？ □如須供訴訟費用擔保，是否已告知當事人？
10	聲　明	□訴之聲明是否確定？ □訴之聲明的金額，與理由部分是否一致？ □是否須聲明假執行？ □假執行擔保為何？是否已與當事人討論？
11	事實簡述	□是否過於冗長、複雜？ □是否與其後的理由及證據相呼應？ □有無證據（立即或將來、直接或間接）可資證明？ □有無夾雜不確定、牽強，或明顯有爭議的事實？
12	理　由	□有無具體表明訴訟標的？ □構成要件是否完備？ □證據與待證事實是否一致？ □論理是否完備？

　　從上列檢查表的每一項目，可以發現，大部分都是訴訟的基本要件、規定或概念，但由於應注意的事項甚多，甚為瑣碎，一不注意，思慮未周，即可能有所遺漏，故利用檢查表逐一加以核對檢查，無非希望避免掛一漏萬、忙中有錯。

　　對於忙碌的律師言，完成起訴狀時，常已鐘鳴漏盡、心力憔悴，但要說明的是，檢查表並非額外的事務，完成起訴狀後，律師本來即應逐字逐句檢查，利用檢查表，不過是希望有組織地逐項檢查，避免有所缺漏。

　　善用檢查表，固然可以減少錯誤發生的機會，但檢查表並不能保證涵蓋所有應注意的事項，律師不能僅墨守檢查表上的項目，仍應考量是否有其他未列於檢查表上的應注意事項。

　　另外，由於當事人轉介或其後續的案件，經常屬於同類型的案件，故

　　申請案件查詢系統」查詢公司的代表人、地址及有無停業等基本資料。

律師執業多年後，同一類型（例如智財、家事、海商、工程、勞資爭議等）的案件將逐漸增多，此時，律師亦可嘗試就不同類型的案件，建立不同類型的檢查表，累積律師個人或事務所的知識資產，日後亦可供實習律師或法務助理參考。

此外，除用於檢查書狀初稿外，與當事人開會時，將檢查表予以精簡（例如前面檢查表第 1 至 9 項），亦可作為討論的綱要，律師可依此精簡的檢查表所列事項，逐一說明及詢問，如需資料或事證，即可立即請求當事人提出，不僅節省時間，亦可建立專業認真、思緒周密的形象。倘遲至撰擬起訴狀時，甚至在遞狀前，才突然詢問或要求當事人提供資料（例如詢問供假執行擔保金的方式，或要求公、認證文書），不僅不利於與當事人間的關係，有時忙中有錯，亦會危及案件本身。

臺北律師公會亦已彙整律師執業上容易遇到的狀況與細節，參考美國法曹協會 (American Bar Association) 辦案參考手冊，編寫《律師辦案參考手冊[14]》，可供參考。

---

[14] 臺北律師公會，律師辦案參考手冊（修訂版），2017，新學林。如為臺北律師公會會員，登入會員後，可至會員下載中心下載。

8 民事答辯狀

本章討論的答辯狀，係指被告於收受訴狀後，首次提出的答辯狀。至於被告其後再為答辯書狀，其內容及架構與首次提出的答辯狀並不相同，將於準備書狀中討論。

一. 答辯狀範本

書狀範本中固然亦有答辯狀的範本，但數量實在有限，故答辯狀的範本，主要應參考各級法院的判決，可利用前述「法學資料全文檢索系統」檢索。然而，由於答辯理由，依具體事實而有所不同，故律師必須有心理準備，檢索的結果，常常是無任何實務先例可據。

完全無任何資料可憑據的案件，其比例，通常是在執業以前無法想像的。有時，找到的相關資料（或判決），偏偏欠缺最重要的部分；有時，找到的偏偏是不利的資料（或判決），典型律師業的莫非定律。

二. 答辯狀的準備

民事訴訟法第 267 條第 1 項固然規定：「被告於收受訴狀後，如認有答辯必要，應於十日內提出答辯狀於法院，並以繕本或影本直接通知原告；

如已指定言詞辯論期日者，至遲應於該期日五日前為之」，但實務上卻常是：開庭當日被告律師遞答辯狀，原告律師表示剛收到書狀，需與當事人討論，故無法立即回應，將再以書狀表示，法院僅能訂下次庭期，並告誡兩造律師日後書狀應即早提出，有時類似的場景會一再重複，懷疑、挪揄、指摘對造律師延滯訴訟，在實務上經常可見。

原告及原告律師，可能花一年時間完成的起訴狀，自然不能期待被告可以在 10 日、20 日內提出答辯狀。從而，如僅就第一次辯論期日言，無法依 10 日內、5 日前提出答辯狀，經常是迫不得已，案件性質、律師時間配合、被告有無訴訟經驗、被告（或其承辦人）能否配合（甚至是否願意配合）等等因素，都會影響答辯狀提出的時間，何況，在週休二日後，等於沒有幾天的時間可以準備答辯狀。

由上可知，律師準備答辯狀時，必須爭取時間，從而，於當事人委任及確定無利害衝突後，應儘速敲定開會時間；在開會前，律師宜先以電話瞭解案件類型，說明開會的主要流程，提醒開會時應準備的資料[1]，以爭取時間，減少不必要的開會及文書往返。

與當事人開會時，在簡單寒暄後，律師應主導整個開會流程，切實掌握內容及時間，適時提問、中斷、續行。從而，與當事人開會雖非正式會議，但最好還是能依一定的流程或主題，例如可依下面的流程進行會議：

1.事實簡述。

2.討論案情（綜合當事人簡述及起訴狀為分析及討論）。

3.檢視證據。

4.討論及確認答辯要點。

5.確認雙方待辦事項及期限。

---

[1] 尤其當事人（或其承辦人）如從未委任律師。

6.確認聯絡方式（傳送方式、聯絡人、是否須副知第三人、預計傳送時間等）。

7.完成委任書、委任契約[2]。

雖然，於第一次開庭時始提出答辯狀，倘因案情複雜或其他正當理由，法院通常並不苛責，亦非原告所能任意指摘，但仍不宜有恃無恐，仍應儘量於期限內提出答辯狀，而且最好為詳細、完整的答辯狀。

如前所述，起訴狀是法院對事實的第一（且唯一）印象，是原告建立法院有利心證的最好時機，則對被告言，自應儘速扭轉此一劣勢，故被告自應儘快提出答辯狀，即便確實無法於第一次言詞辯論期日 5 日前為之，亦應於 2 至 3 日前提出[3]。

另外，及早提出詳細、完整的答辯狀，不僅有利於當事人權益及訴訟進行；且對於律師個人而言，由於遲早必須提出詳細、完整的答辯，則不如早日提出，以減少重複、無效率的時間浪費，同時更可增加當事人對案件的信心及對律師的信賴。

三. 答辯狀的架構

依民事訴訟法第 266 條第 2 項規定，被告之答辯狀，應記載：㈠答辯之事實及理由；㈡證明應證事實所用之證據。如有多數證據者，應全部記載之；㈢對他造主張之事實及證據為承認與否之陳述；如有爭執，其理由。

---

[2] 在當事人簡述事實前，最好即先說明及確認委任範圍、律師費等業務事項，但委任契約可與委任書一併製作。有些事務所並不另行製作委任契約。

[3] 假設法院在開庭前 1 日會審閱次日書狀，則預留傳送、整卷等時間，書狀至遲應於 2 日前提出（有時仍不見得送到法官桌）。惟須注意者，倘若經常（或每次）都開庭前 2 日始送狀，由於對造事實上並無足夠時間準備，可能會有所抱怨或指摘。

如前所述，民事訴訟法「言詞辯論之準備」乙節規定，關於如何準備答辯狀，民事訴訟法並無任何具體的規定。如就實務的觀點，討論如何準備答辯狀，並不複雜困難，不外是否定原告請求所依據之事實、理由及證據。

㈠事實簡述

由前揭民事訴訟法第 266 條規定，可知民事訴訟僅規定被告答辯狀應記載事實及理由，實務上亦不要求答辯狀應先為事實簡述。

惟筆者以為，如無特別的理由或顧忌，被告的第一次答辯狀，宜比照起訴狀的架構，於答辯狀先簡述事實，再載明其抗辯理由，其理由如下：

1 便於法院瞭解

對法院言，每一案件都是完全陌生的事實，原告雖已先行簡述事實，但法院亦知該事實僅為原告主張，尚應考量被告主張的事實，然而，倘被告僅提出零星、片段的事實，由於無從對照、比較，法院將無法（或甚難）瞭解事實的背景、全貌及爭點。

2 訴訟主導權

先為事實簡述，有助於被告為清楚及完整論理架構，有利於取得訴訟主導權。

原告於起訴時，固先取得了訴訟主導權，但當法官收到原告起訴狀及被告答辯狀後，自然會加以比較，而以其中一份書狀的事實簡述為綱要，來瞭解事實及進行訴訟，倘答辯狀並無任何事實簡述，法院一開始僅得依據起訴狀的事實簡述，將不利於被告後續答辯。

3 補充證據不足

完整的事實簡述可以補充證據的不足，否則，即使推翻原告每一項證據，如果未能提出完整的事實，法院疑慮未能盡釋，仍然甚難獲得有利的判決。

至於撰擬答辯狀事實簡述的原則，可以參考「7 民事起訴狀」之「三.原因事實與事實簡述」關於起訴狀「簡單」、「有據」及「不爭」的原則，無庸贅言。

㈡整理爭點

由於原告於起訴之初，尚不能確定被告將來答辯的理由及證據為何，故原告通常較少於起訴狀中說明及整理爭點，以免為人作嫁、自陷圇圄。

然而，對被告言，由於其已知悉原告主張的大致方向及內容，將雙方爭執、不爭執的事實及理由加以整理，不僅不會限制或危及其答辯，藉由整理爭點，亦有利被告於組織其答辯理由，便於法院審理，更可藉此取得主導權[4]。

原告需要「所有」構成要件都要合致才能勝訴，被告只需「其中之一」構成要件不合致就能勝訴，故被告整理爭點，有利於凸顯其主張，主導訴訟程序。

整理爭點的方式，實務上現在可常見利用「爭點整理表」的方式，惟被告亦可以較為簡單的方式，以直接列舉的方式加以說明。例如：

---

4 例如原告一方未加考慮是否尚有其他爭點，而僅於被告整理爭點的範圍內為主張時。

範例 25

壹、事實簡述

貳、查原告請求離婚，無非主張：㈠被告至高雄租屋居住已違背同居義務；
㈡被告至高雄工作係惡意遺棄；㈢被告對原告及子女已有數月未加聞問
云云。惟查：

一.（略）

二.（略）

如前所述，整理爭點的目的在於：組織答辯、便利審理、取得主導，故被告整理的爭點，僅須注意是否符合前述的三目的，並非一定需要用爭點整理表的形式。

雖然稱為整理爭點，但由於被告僅係列明原告主張，並未明確表明該等主張為爭點，該等爭點亦未經原告及法院，故精確來說，應稱為整理答辯要點。

㈢答辯理由

如前所述，律師文書的架構可分為按時間、重要性及構成要件等順序，視個別情況決定，其間並無優劣可分，亦常常合併使用，相輔相成。

就答辯狀的答辯順序言，除前述依整理答辯要點，實務上，亦常見依原告架構逐一答辯，倘原告起訴狀係按時間、重要性或構成要件為主張，對應於被告答辯狀，其答辯順序亦為按時間、重要性或構成要件。惟須注意者，按原告主張順序為答辯時，應注意是否可能造成答辯重點無法凸顯？是否可能喪失主導權？等問題。

除答辯順序以外，亦應注意一部答辯或全部答辯的問題。由於很多請

求權的要件係缺一不可，故被告僅就其中部分要件為答辯，而無需逐一否定原告每一項主張，在考量及決定答辯範圍時，律師應綜合考量下面幾點：

	一部答辯	全部答辯
意 義	僅就部分主張為答辯	逐一否定原告每一項主張
優 點	凸顯重點，可精簡篇幅及程序	謹慎、全面，避免遺漏
缺 點	可能錯估及遺漏	重點無法彰顯
注意事項	□一部答辯是重點答辯，並非迴避答辯。 □是否未就關鍵事實或要件為答辯？ □未答辯部分，將來可否補充答辯？有無預留空間？	□答辯有無重點及順序？ □為預備主張時，其前提及順序是否明確？ □是否與主張的事實一致？有無與主張的事實相衝突？ □答辯間有無衝突、矛盾？ □答辯是否可能被認為自認？

不論一部答辯或全部答辯，律師都必須審慎檢視原告起訴狀的主張，為避免有所遺漏，除可利用本書「7　民事起訴狀」所述檢查表外，亦可以標記原告起訴狀，在完成答辯狀初稿後，逐字逐句審閱起訴狀，確認是否「已為答辯」或「無需答辯」。

前述標記原告起訴狀的方式，亦可用於律師與當事人開會討論時（此時建議使用投影機），除確定是否已為詳細討論外，於當事人組織或表達能力不佳時，逐字逐句審閱起訴狀的內容，亦有助於討論的進行。

9 民事準備狀

　　準備書狀即準備程序所提出的書狀，亦即民事訴訟法第 265 條所定：「當事人因準備言詞辯論之必要，應以書狀記載其所用之攻擊或防禦方法，及對於他造之聲明並攻擊或防禦方法之陳述，提出於法院，並以繕本或影本直接通知他造。」

　　準備狀的內容及應記載事項，民事訴訟法第 266 條設有規定，亦即：㈠事實及理由；㈡證明應證事實所用之證據。如有多數證據者，應全部記載之；㈢對他造主張之事實及證據為承認與否之陳述；如有爭執，其理由。簡言之，亦即：㈠事實及理由；㈡證據；㈢爭執（或反駁）。

　　然而，由於第一審程序通常不行準備程序，行準備程序者，兩造通常均合意由受命法官調查證據；第二審程序雖行準備程序，但兩造亦通常均合意由受命法官調查證據，造成準備程序與言詞辯論並無任何差異。從而，實務上的書狀，其內容如果有差異[1]，並非隨「程序」而有不同[2]，而是隨「訴訟時期」有不同的內容，亦即在第一審程序：

---

[1] 如用二分法，可分為「非辯論意旨狀」及「辯論意旨狀」，而「辯論意旨狀」則為所有「非辯論意旨狀」的集合。就文書處理言，辯論意旨狀就是剪貼整理先前提出的所有書狀。

[2] 書狀的內容，倘與進行的程序並無任何關連，將無助於程序的進行。

	原　告	被　告	內　容
第一次開庭前	起訴狀	答辯狀	簡述事實及理由，被告除簡述事實及理由外，另會提出證據及爭執
言詞辯論程序	準備書狀或補充理由狀	答辯㈡狀或補充答辯狀	提出證據（包括聲請調查證據）及爭執，你來我往，常無交集
辯論終結日	辯論意旨狀	辯論意旨狀	彙整（或剪貼）歷次所有書狀，主要供法院製作判決書

而由於第二審行準備程序，故第二審的書狀內容，主要為：

	上訴人	被上訴人	內　容
上訴審開庭前	上訴狀	答辯狀	詳述上訴事實及理由，有時與第一審言詞辯論狀無異
準備程序	補充上訴理由狀	答辯㈡狀或補充答辯狀	提出證據（包括聲請調查證據）及爭執，但仍然你來我往，常無交集
言詞辯論	辯論意旨狀	辯論意旨狀	彙整（或剪貼）一、二審歷次所有書狀，供審判長審閱及法院製作判決書

　　由以上說明，可知實務上所有的關於實體理由的書狀，除了原告起訴狀無從載明爭執外，都是民事訴訟法第 266 條的準備書狀，其內容不外都是：事實、理由、證據及爭執。

　　為便於說明，本章所稱的準備書狀，係指起訴狀、第一次答辯狀及言詞辯論意旨狀以外的所有關於實體理由的書狀。

一. 準備狀的名稱

　　如觀諸民事訴訟法第 266 條所載「原告準備言詞辯論之書狀，應記載下列各款事項」、「被告之答辯狀，應記載下列各款事項」及民事訴訟法第 268 條所載「提出記載完全之準備書狀或答辯狀」，可知在第一審準備程序中，原告所提出的書狀稱為「準備書狀」；被告所提出的書狀稱為「答辯狀」。

	原　告	被　告
準備程序	起訴狀 準備書狀、準備書(二)[3]狀……	答辯狀 答辯(二)[4]狀
言詞辯論程序	言詞辯論意旨狀 言詞辯論（續）狀	言詞辯論意旨狀 言詞辯論（續）狀

　　然而，由於民事訴訟法並無明確規定書狀的名稱，第一審通常未行準備程序，故關於書狀的名稱，實務上並不統一。實務上可見到的書狀名稱如下：

	原　告	被　告
言詞辯論程序	起訴狀 準備書狀、準備書(二)狀……，或補充理由狀或補充理由(二)狀……	答辯狀 答辯(二)狀……，或補充答辯理由(二)狀……，或補充答辯(二)狀
言詞辯論終結	言詞辯論意旨狀	言詞辯論意旨狀
再開辯論	言詞辯論（續）狀	言詞辯論（續）狀

3　亦有律師稱為「準備(二)狀」者。

4　亦有律師認為應為「答辯(一)狀」。

就目前實務言，法院對於書狀名稱並無特別的限制或要求，故書狀的名稱，並不影響程序的進行，但仍應注意前後書狀名稱是否一致。

另外，由於書狀名稱並無一定次序或規則可循，為避免混淆，在引用我方及對造書狀時，應列明書狀的日期以資辨別，例如：110 年 5 月 18 日準備㈡狀。

二. 準備狀的架構

如前所述，依民事訴訟法第 266 條規定，準備狀的應記載事項，分別為：事實、理由、證據及爭執。從而，如依該條規定，準備書狀應分為「事實及理由」、「證據」及「承認或爭執」三大項，然而，實務上通常未依此規定分段或分項，通常係依重要性、對造順序為分段或分項的依據，而有清楚的架構依據，通常僅在前一、兩次的書狀，由於開庭必須有書狀，對造有書狀我方亦必須有書狀，你來我往，開庭兩三次後，即無整體架構可言，更無交集可言。

固然，倘若對方有新的主張或攻擊防禦方法，即便再無理由，不於書狀中加以反駁，是很難安心；我方有新的主張或證據，更不可能不在書狀表明，但一再書狀往返，由於爭點模糊紊亂，即可能造成法院無從審理 [5]，甚至兩造律師自己都無法收拾。

律師業務繁忙，為了一句話（言詞或書狀、有心或無心）就必須寫書狀，別說法院，可能連律師自己都受不了。從而，為了避免準備書狀雜亂無章，甚至最後連辯論意旨狀都不易整理，筆者有幾點建議：

---

[5] 實務上常戲稱為「案件開花」。

(一)證據及主張應「及早」且「集中」提出

基於訴訟策略的考量，甚多律師習慣伺機逐次提出證據或主張，但過於遲延、零散提出證據及主張，不僅延滯訴訟進行，亦須花費相當「額外」「重複」的氣力及時間於撰擬書狀。從而，即使不願（或無法）於起訴狀或答辯狀即提出所有的證據及主張，於可預期對造可能的證據或主張後，即應及早提出證據或主張。

另外，倘若前後提出五、六次準備狀，但每次書狀都是三、兩頁，附上三、兩個事證，何為重要書狀？何為重要證據？何為重要主張？即甚難判斷，從而，提出證據或主張時，應儘量集中，以期建立完整的架構及論證，避免證據或主張被忽略。

(二)自我節制，獨立決斷，勿隨對造起舞，勿任當事人擺布

「予豈好辯哉？予不得已也[6]」，被問及為何書狀不絕時，可能甚多律師有此感嘆。

固然，對造是否配合？當事人是否認同？對於書狀數量有重要影響，然而，律師所應在意者，應為案件最後的勝敗，而非書狀的有無，對於是否應另以書狀駁斥，律師應就案件整體影響為獨立判斷，是否？為何？何

6　孟子・滕文公下：

公都子曰：「外人皆稱夫子好辯，敢問何也？」孟子曰：「予豈好辯哉？予不得已也。天下之生久矣，一治一亂。……聖王不作，諸侯放恣。處士橫議，楊朱、墨翟之言盈天下；天下之言，不歸楊則歸墨。楊氏為我，是無君也；墨氏兼愛，是無父也；無父無君，是禽獸也。……昔者禹抑洪水，而天下平；周公兼夷狄，驅猛獸，而百姓寧；孔子成春秋，而亂臣賊子懼。詩云：『戎狄是膺，荊舒是懲，則莫我敢承。』無父無君，是周公所膺也。我亦欲正人心，息邪說，距詖行，放淫辭，以承三聖者。豈好辯哉？予不得已也。能言距楊、墨者，聖人之徒也。」

時？如何？回應對造的主張，不應輕易隨對造起舞，任當事人擺布。

另外，證據及主張已及早提出時，倘對造所提的主張或證據，「大致」可用原已提出的書狀回應時，應把握機會，於開庭時表明該書狀並直接回應，以示對造所謂新主張或新證據了無新意；反之，倘另以洋洋灑灑的書狀回應，不啻提高對造的新主張或新證據的價值。

㈢配合或建議法院為整理爭點

鑑於訴訟書狀的浮濫，爭點整理日漸受到重視，民事訴訟法第 268 條之 1 即已規定：法院於言詞辯論期日或準備程序期日，應使當事人整理並協議簡化爭點[7]。然而，實務上，並非所有案件均有爭點整理程序；行爭點整理程序者，亦可見律師積極或消極不配合。

爭點整理程序，確實可以減少相當的書狀勞煩及程序浪費，故律師不僅應積極配合法院整理爭點，法院未行爭點整理程序者，亦應主動建議法院，甚至主動提出爭點整理表。

倘若法院明顯排斥爭點整理程序（或爭點整理表）時，亦非無變通方式，仍可利用逐項分段記載重點的方式，以達到表明爭點的效果。

三. 預備主張

在準備書狀中，常見當事人為預備主張，故於此一併加以說明。

所謂預備主張，即當事人為主張時，為免其主張為法院所不採，乃同

---

[7] 另外，同條第 3 項、第 4 項亦分別規定：「審判長於必要時，得定期間命當事人就整理爭點之結果提出摘要書狀。」「前項書狀，應以簡明文字，逐項分段記載，不得概括引用原有書狀或言詞之陳述。」

時為其他主張以資預備。關於預備聲明，民事訴訟法教科書均有詳細的說明，自無庸贅述。至於預備主張，則未見有專門論述。然而，預備主張在實務上可說十分常見，最高法院亦有數判決可稽[8]。

為預備主張的當事人，並不限於被告，原告亦可為預備主張，惟預備主張較常見於被告答辯狀中，故特別於此加以說明。

「預備主張」一詞，雖可見諸法院判決，惟律師在書狀中分項或明確表示「先位主張」、「預備主張」（或「先位答辯」、「預備答辯」）者，實務上並不常見。通常僅於預備的主張（或答辯）前，另表明「退步以言」、「退而言之」等，當然，最常見的，就是「退萬步言」。

預備主張與預備聲明不同，自無須比附援引預備聲明的要件或限制，從而，先位主張與預備主張間，並不須相互排斥；預備主張亦無數量限制，退步以言、再退步言、再再退步言、退萬步言、退萬萬步言，都可視情況來使用。

如何為預備主張，屬於訴訟策略及訴訟技巧的範圍，但為預備主張時，必須考量數主張間的先後關係，何為先位，何為備位（或再備位），必須慎重考量，倘混淆先、備位關係，不但法院無法理解，對造律師亦勢必大作文章。

即使數主張有先備位關係，並非一定要為預備主張。倘預備主張的理

---

8 參照最高法院 81 年台上字第 861 號判決：「上訴人似係主張黃河清所稱解除契約如有理由，伊亦得請求回復原狀，返還所受領之價金，自不失為一種預備主張，本院前次發回意旨就此已予指明，乃原審疏未注及，猶以黃河清沒收價款充作違約金是否過高，非屬本件訴訟標的，而未審酌，尚嫌疏略」；及最高法院 78 年台上字第 2268 號判決：「不法毀損他人之物者，應向被害人賠償其物因毀損所減少之價額，為民法第 196 條所明定。所謂其物因毀損所減少之價額，非不得以修復費用為估定之標準。被上訴人原主張依民法第 213 條及第 215 條規定請求賠償修繕費，嗣又主張依同法第 196 條規定請求賠償因車禍受損所減少之價款，為預備主張，其訴訟標的並無追加或變更。」

由或證據反而較為堅強時，即應考慮是否乾脆省略先位主張，而將重點放在預備主張。否則，倘勉強為預備主張，而先位主張荒誕又冗長時，備位主張即很可能被忽略或低估[9]。例如：假設有 A、B 二主張，論理上 A 雖為先位、B 為備位，但 A 主張並無明確依據或證據，B 主張則有明確的依據或證據時，應該考量是否一定要為預備主張（類型一），還是將重點放在 B 主張（類型二）。

當然，律師常欲求一主張而不可得，有主張卻棄而不用，對律師而言，自然惋惜，況且，有時先位主張僅是「相對」薄弱，法院心證甚難預測，亦可能不認為理由薄弱，殊無未戰先降的理由。此時，亦可考慮以補充主張的形式，切勿執著於預備主張的形式，或反射地、習慣性為「退步言」或「退萬步言」。以前例言，亦即重點雖仍放在 B 主張，但以 A 主張為補充（參照類型三），此時可用「況且」、「甚且」、「此外」等語引導 A 主張。

	結　構	說　明	常用引言
類型一	先位：A 主張（弱） 備位：B 主張（強）	理由較強的 B 主張可能被忽略或低估	退言之、退步以言
類型二	B 主張（強）	重點放在 B 主張	
類型二	重點：B 主張（強） 補充：A 主張（弱）	補充主張，增加機會	況且、甚且、此外

以上的說明，可知使用「退而言之」或預備主張的時機，應該限於確實有所退讓、放棄、減縮的時候，例如酌減違約金的主張、抵銷的主張等等，不應任意使用。有數個主張時，應優先考慮如何取捨主張，或如何表

---

[9] 試想：當法院勉強看完五、六頁不甚認同的先位主張後，發現後面居然還有「退而言之」的備位主張？

示數個併存主張。

從文義言,「退而言之」或「退萬步言」,即表示退讓、放棄或減縮,從而,法院在看到此類引言時,預期看到的,是實際退而求其次的主張,而非換湯不換藥或以退為進的主張,當法院發現所謂的「退萬步言」,僅是另一可併存的主張,即使未失去耐心,亦會推定該主張理由薄弱,僅係孤注一擲,從而,過於濫用預備的主張,將導致主張被忽略或低估。

四. 假設主張

所謂假設主張,係其主張以假設的事實為前提,亦即在三段論法中,為論理的事實為假設的事實。例如就請求給付違約金事件:

原告主張:

大前提（依據）	小前提（事實）	結論（主張）
民法第250條:「當事人得約定債務人於債務不履行時,應支付違約金。」	被告違約	原告得請求依合約金額百分之十五計算的違約金

被告可提出假設主張如下:

依　據	事實（含假設的事實[10]）	主　張
民法第252條:「約定之違約金額過高者,法院得減至相當之數額。」	假設被告違約 被告其他類似合約的違約金僅有合約金額百分之十	約定的違約金額亦顯然過高 原告不得請求依合約金額百分之十五計算的違約金

---

[10] 為假設主張時,可能僅假設其中部分的事實。

假設主張並非僅限於被告始可為之，例如針對前例被告所為的假設主張，原告亦可提出其假設主張如下：

依　據	事實（含假設的事實）	主　張
最高法院 51 年台上字第19 號判例：「約定之違約金是否過高，應就債務人若能如期履行債務時，債權人可得享受之一切利益為衡量之標準，而非以約定一日之違約金額若干為衡量之標準。」	假設合約約定違約金高於被告其他合約，但原告因被告違約受有重大損害	原告仍得請求依合約金額百分之十五計算的違約金

為假設主張時，通常以「縱」、「假設」、「倘若」、「設若」等為引言，表示引導假設的事實，須注意者，由於假設的事實，通常為對造主張的事實，或不利於我方的事實，故為避免發生自認的效果，為假設主張時，通常會再為表示否認。如以前揭二假設主張為例，可修正如下：

□假設被告違約（被告仍否認）。

□姑不論被告並未提出其他契約以實其說，縱假設合約約定違約金高於被告其他合約（原告仍否認）。

「縱假設本件違約金高於被告其他合約（原告仍否認）」與「縱假設（原告仍否認）本件違約金高於被告其他合約」，雖然僅是括號位置有所差異，文義上並無任何差別，但由於前者的假設事實位於「假設」及「否認」之間，較無法被斷章取義[11]（亦即僅摘錄其中「本件違約金高於被告其他合約」等語）。

---

[11] 左傳・襄公二十八年：「宗不余避，余獨焉避之？賦詩斷章，余取所求焉，惡識宗？」；劉勰，文心雕龍：「尋詩人擬喻，雖斷章取義，然章句在篇，如繭之抽緒，原始要終，體必鱗次。」

　　遺憾的是，由於暫時失明、無法理解何謂否認，或其他因素或人格特質，即便特別註明「假設」及「否認」，仍會有被對造公然截頭去尾、斷章取義的情形發生，就此，除了憤而指摘「若非不識文義，即屬刻意斷章曲解」外，重要的是，應注意法院是否因而被誤導，必要時應於當庭指明並引導法院審閱原始的主張。

　　由於假設主張有被斷章取義的風險，不少律師認為應儘量避免使用假設主張。

　　另外，假設主張，常見與前述提問式的結論合併使用，亦即「假設……，豈非……？」的句型，惟如前所述，提問式的結論，固然有加強語氣的效果，惟提問式的結論，往往偏重在語氣的強度及論理的必然性，進而忽略證據及依據的重要，或是激發另一問題，在使用上應特別注意。

10 民事上訴狀

一.上訴聲明狀

依民事訴訟法第 441 條第 1 項規定:「提起上訴,應以上訴狀表明下列各款事項,提出於原第一審法院為之:

一、當事人及法定代理人。

二、第一審判決及對於該判決上訴之陳述。

三、對於第一審判決不服之程度,及應如何廢棄或變更之聲明。

四、上訴理由。」

所謂上訴聲明狀,係指無上訴理由,而僅記載民事訴訟法第 441 條第 1 項第 1 款至第 3 款所列項目的書狀,由於上訴理由通常尚需時日準備,故實務上通常先提出上訴聲明狀,嗣後再補提上訴理由狀。

至於第三審上訴聲明狀,民事訴訟法第 470 條僅特別規定「提起上訴,應以上訴狀提出於原判決法院為之」及「上訴狀內,宜記載因上訴所得受之利益」,則依民事訴訟法第 481 條規定,自應準用民事訴訟法第 441 條的規定。

聲明上訴狀,為相當基本、制式的書狀,非常容易從書本或從網路取得,僅須依個案修改當事人姓名及聲明即可。如果不知如何為聲明,亦可至

司法院網站 (http://www.judicial.gov.tw) 的「法學資料全文檢索系統」檢索。

另外，關於「當事人及法定代理人」，在本書「6　法院書狀」之「二.書狀（或狀紙）的格式」中已有說明，亦不復贅。

須注意者，由於民事訴訟法施行法第 9 條規定：「上訴人有律師為訴訟代理人，或依書狀上之記載可認其明知上訴要件有欠缺者，法院得不行民事訴訟法第四百四十二條第二項及第四百四十四條第一項但書之程序」，亦即法院得不命補正逕行駁回，故聲明上訴時，為保險起見，實務上常係先以當事人名義聲明上訴，待提出上訴理由狀時方一併提出委任書。

二. 上訴聲明狀的準備及提出

關於上訴聲明狀，問題通常並不在於其內容，而在於上訴聲明狀的準備及提出時間。雖然撰擬上訴聲明狀本身不用多久時間，但準備及遞送上訴聲明狀的過程，卻常令律師心驚膽跳、寢食難安。

於收受判決書後，即便當事人不要求出具正式的法律意見，仍有通知、聯繫開會、討論決定是否上訴，乃至準備律師費用、上訴費用及委任書等等事務，仍要耗費相當時間。從而，即便上訴期間長達 20 日，即便實務上通常僅先提出聲明上訴狀，有時仍是拖到最後一天才上訴。

面對上訴不變期間（或所有的不變期間），律師前輩一定都會告誡應提早幾天送狀。但要提早幾天聲明上訴，應注意下面幾點：

(一)立即準備上訴聲明狀及委任書

有律師曾經表示，收到不利判決書後，乾脆不問當事人意見，直接聲明上訴。或許有人認為不恰當，但是，律師在收到不利判決書後，除通知

當事人外，倘若認為當事人應提起上訴，律師應馬上撰擬上訴聲明狀及委任書（尚不須交給當事人）。即便當事人要求正式法律意見，亦然。

嗣後，與當事人討論是否上訴時，如係開會討論，應在當事人決定上訴後，馬上提出準備好的聲明狀及委任書[1]；如係正式提出法律意見，則應將聲明狀及委任狀列為附件，儘量減少文書往返時間。

否則，待開會討論、當事人確認上訴後，不變期間可能只餘 4、5 日，倘若此時才開始準備聲明狀及委任書，一旦遇到週休二日、當事人（或承辦人、助理、秘書）請假等突發狀況、密集庭期等情況[2]，屆時焦頭爛額、人仰馬翻只怕還不足以形容其萬一。

(二)準備書狀及聯絡的例稿

要有效率的準備上訴事宜，事先準備書狀及聯絡的例稿，是可以採行的方法。

尤其，上訴的書狀及聯絡等文書，簡單、同質性高，事先準備例稿，有助於節省時間。

如當事人主要為行政機關或公司，且日常聯繫主要依靠書面者，更應及早準備例稿，否則在急如星火之際，是很難動筆為文。

關於準備上訴事宜，可事先準備的例稿有：

1. 聲明上訴狀

2. 委任書

3. 通知上訴期限（應載明日期）[3]、預計上訴的日期

---

[1] 馬上提出備妥的書狀，不見得當事人一定會有不好的印象。況且，律師亦應知如何剴切說明，以避免當事人有所誤會。

[2] 另一個律師業的莫非定律：越重要的期間，突發狀況越多。

[3] 關於通知範例，請參本書第 210 頁。

4.說明上訴費用（含繳費方式）及上訴程序

㈢設定期限，凡事提早

上訴期間看似長達 20 日，但扣除假日後，可能僅餘 14 至 15 日，為避免有任何遲誤，律師在決定並建議當事人上訴時，應明確告知：「開會討論日期」、「當事人回覆期限」、「委任書完成日期」、「預計上訴日期」等日期，其中當事人回覆的期限，最好在第 10 日左右。

越早完成上訴為宜，除非你想嘗試半夜自床上跳起，找日曆算上訴期限的夢魘。

㈣緊盯當事人、助理及實習律師

當事人有時漫不經心，不知遲誤期間的嚴重性，有時缺乏經驗，以為上訴不需準備。當事人為行政機關或公司時，則可能須層層照會。故即使已通知（甚至書面通知）當事人上訴期限，律師仍應積極主動與當事人聯繫，否則，在上訴期限最後一天的下午三點，才接到當事人要提起上訴的電話，再如何氣憤都無濟於事。

由於上訴聲明狀屬於簡單的書狀，上訴程序亦不困難，故律師常委託助理或實習律師處理。但助理或實習律師可能欠缺經驗，或無法處理突發狀況，甚至掉以輕心，故委託助理或實習律師處理上訴時，最好還是緊盯每一程序，畢竟，如有任何差池，收拾、負責的，還是律師本人。

三. 第三審上訴聲明狀

第三審上訴聲明狀，依民事訴訟法第 481 條規定，原則上應準用民事

訴訟法第 441 條的規定。

準備第三審上訴聲明狀，原則上與第二審上訴聲明相同，但應注意下面幾點：

(一)律師強制代理

依照民事訴訟法第 466 條之 1 規定，第三審為強制律師代理，故上訴聲明狀即應記載律師姓名。

須特別注意者，依民事訴訟法施行法第 9 條規定：「上訴人有律師為訴訟代理人，或依書狀上之記載可認其明知上訴要件有欠缺者，法院得不行民事訴訟法第四百四十二條第二項及第四百四十四條第一項但書之程序」，故為第三審上訴時，應特別注意裁判費繳納等上訴要件是否欠缺[4]。

(二)提出上訴理由狀的時間

依民事訴訟法第 471 條規定，提起第三審上訴，「上訴狀內未表明上訴理由者，上訴人應於提起上訴後二十日內，提出理由書於原第二審法院；未提出者，毋庸命其補正，由原第二審法院以裁定駁回之。」

由於提出理由書期間係自提起上訴起算，且一旦逾期，法院無庸命補正即可駁回。也就是說，越早聲明上訴，越早必須提出理由書，故於上訴第三審時，有律師習慣至上訴期限末日（或前一日）始提出上訴聲明狀，以爭取撰擬上訴理由書的時間。如此考量，固然有其優點，然而，筆者仍寧願早日提出上訴聲明狀。

---

4 參照註 1 臺灣高等法院 88 年抗字第 4230 號判決。

四. 上訴理由狀

如前所述，因上訴理由狀無法立即完成，故通常先以當事人名義聲明上訴，嗣後再補提上訴理由狀（並提出委任書）。

依民事訴訟法第 441 條第 2 項規定，上訴理由應表明：㈠應廢棄或變更原判決之理由；㈡關於前款理由之事實及證據。上訴理由狀雖僅須記載上訴理由，但實務上較常見的上訴理由狀，通常依序分為下面幾個部分：

項　目	說　明
聲　明	雖然聲明狀已有表明，但通常會再表明一次
遵守期間 *	第二審上訴雖不需提出遵守不變期間之證據，但通常會表明判決何時送達及聲明上訴的時間。另法院限期命提出上訴理由時，亦會表明已遵守期間
事實及程序簡述 *	包括本案事實（通常與起訴狀或答辯狀相同）、第一審程序
指摘判決 *	即民事訴訟法第 441 條第 2 項所列理由、事實及證據
補充理由 *	包括新攻擊或防禦方法，但應注意民事訴訟法第 447 條規定

*並非書狀上標題名稱

㈠事實及程序簡述

雖然事實與程序於第一審判決已有記載，但通常上訴理由狀會先就本案事實及第一審程序加以簡述，以便利法院審閱。

關於本案事實，除非主張或理由有所變更，否則通常仍與起訴狀或答辯狀相同。

至於第一審程序部分，由於第一審卷宗可稽，故僅須簡略說明，有時可載明第一審判決主要理由，例如：「嗣經原審以……為由，駁回其中關於……部分。」

㈡上訴爭點整理

上訴理由固然應表明應廢棄或變更原判決之理由，及其事實及證據。惟在指摘原判決前，如列舉原審判決理由，並逐一加以指摘，自有利於法院瞭解。反之，倘若漫為指摘，縱有堅強的上訴理由，僅是令人產生困獸之鬥的印象，亦不利於程序的進行。

範例26

壹、事實簡述
貳、查原審所以判准被上訴人請求離婚，無非以：㈠上訴人至高雄租屋居住已違背同居義務；㈡被告對原告及子女已有數月未加聞問云云。惟查：
  一.（略）
  二.（略）

須注意者，事實及程序簡述的目的，僅在於便利法院審閱，節省時間，從而，強相曲解原審判決理由或對造主張，不僅對造會加以駁斥，法院亦會審閱原審卷宗及判決書，可能弄巧成拙。

11 刑事書狀

　　前面數章均介紹民事書狀，刑事書狀多可參考，以下謹說明準備刑事書狀時須特別注意的事項。

一. 告訴（發）狀

　　告訴（發）狀雖然類似民事起訴狀，但刑事程序以犯罪構成要件為中心，故告訴事實應參考檢察官起訴書「犯罪事實及證據並所犯法條」之架構，除有利於檢視有無該當所有構成要件外，亦便於檢察官轉用至起訴書。

　　另外，告訴（發）狀亦可參考檢察官起訴書的證據清單，除便利檢察官作業外，亦有助於逐一檢視證據是否周全。當然，律師既然常指摘檢察官的證據清單過於簡略，即應以同樣標準自我要求，不論證據名稱、待證事實及證據出處，均應明確、具體表明。

　　如告訴（發）時犯罪事實及證據仍不周全時，不用勉強，可先申告犯罪事實以求訴追，於偵查末期時再參考檢察官起訴書格式具狀。

　　民事起訴狀顯無理由，其下場是敗訴，但告訴（發）狀顯無理由時，尚可能衍生誣告、偽證或其他刑事責任或案件，應特別注意前述「慎言」的原則。

二. 自訴狀

因刑事訴訟法第 320 條第 2 項自訴狀應記載事項，與第 264 條相同均規定須記載「犯罪事實及證據並所犯法條」，自訴狀自應比照檢察官起訴書的格式辦理（亦應檢具完整的證據清單），不宜以民事起訴狀的格式任意發揮。

如本書最初說明，律師文書的目的，決定或影響律師文書的體例；不同的目的，即有不同的格式、不同的組織及架構。

自訴狀顯無理由時，亦可能衍生其他刑事責任或案件，亦應特別注意前述「慎言」的原則。

三. 溝通與確認

「案重初供」是無法否認的刑事實務現實，刑事案件的錯誤通常較難以補救挽回，故為增加辯護空間，不少律師在偵查初期不寫答辯狀，頂多陳報檢察官指示提供的資料；除結辯時所提辯論狀外，其他書狀均甚為簡要，是有其訴訟上之考量。

刑事訴訟程序的書狀，應特別注意與當事人的溝通與確認，一般當事人通常從未接觸刑事程序，並不瞭解檢調的角色及思維，將刑事案件當作民事訴訟來應付，而一再催促律師具狀說明。

如未妥適溝通，律師任由在思慮未周、事實不明、證據不全時即貿然具狀，即可能反受其害。

民事書狀的每一事實，都應注意是否有證據（立即或將來、直接或間

接）可資證明，切勿逞一時之快，作繭自縛，刑事書狀更是如此。

　　撰擬刑事書狀時，務請注意本書最初所提，讀者（刑事庭法官）所具有「專業」、「忙碌」及「懷疑」的特性。

　　在撰擬刑事書狀時除了不得為詆毀、中傷，更應避免不適當的用語，有時律師面對檢調的種種作為，固然憤恨難耐，但仍要隨時注意當事人的利益。

四. 準備狀

　　第一次準備程序開庭前，是最忙亂的時候，總算不再被悶著頭打，但有一堆事項要準備、有一堆卷證要審閱。

　　在目前卷證併送的制度下，對被告及辯護人並不公平，固然應儘速扭轉劣勢，儘速提出詳細、完整的答辯狀。但因時間畢竟有限，現實上仍有許多變數，在尚未取得（及確認）證據、尚未訪談證人前，答辯要旨需要律師投注更多的心力，仔細思考每一字句對於法院心證的影響。

　　面對檢察官（還可能加上調查局、移送機關）可能無數人力花數月、數年偵查完成的起訴狀，在第一次準備程序開庭前，固然難以準備充分，但至少程序是依刑事訴訟法第 273 條規定逐款進行，故收到起訴書後，律師即應規劃時程表，考慮各工作開始及完成的日期：

項次	工作內容	說　明
1	完成委任書送法院	
2	閱卷	如不同事務所共同辯護時，應確定如何分工。
3	送當事人審閱	(1)自法院閱卷後，應立即影印、掃描卷證送予當事人。 (2)影印和掃描是同一原理，現在影印店的影印機在影印時即可同時產生 pdf 檔，影印卷證予當事人時即可同時掃描，方便日後卷證電子化。
4	整卷時間	(1)同時準備卷宗目錄、證據清單。 (2)檢察官起訴書不會載明證據出處，應自行整理。
5	審閱卷證時間	(1)審閱卷證時，同時擬案件時間表，有助於瞭解本案事實。 (2)如證人供述差異甚大，審閱卷證時應同時擬對照表。
6	開會時間	(1)第一次開會應告知當事人準備程序將如何進行。 (2)通常須多次討論，應儘速敲定所有開會時間。
7	準備狀內容、完成及提送時間	

　　另請注意，於第一次準備程序時，法院固然有時會考量辯方之準備時間有限，惟不能因而心存僥倖，仍應以第一次準備程序前完成刑事訴訟法第 273 條各款規定為目標，尤其就是否認罪、事實架構、爭執及不爭執事項，均應於第一次準備程序前詳加討論及定案，不宜拖延，亦不宜反覆。

五. 辯護狀

　　與當事人確定答辯要旨、辯護策略後，就應開始著手進行辯護狀（如決定以投影片輔助時，亦應同時準備）。

　　刑事辯護狀與民事答辯狀不同，相當多證據的取得與調查，是在審理階段，且在證據未周全（證人尚未全部交互詰問）前亦不宜貿然具狀，故實務上多僅於辯論時，一次綜整所有事證出具辯護狀。

　　因實務上，常見調查證據完畢後，即開始辯論，縱法院有時會事前通知辯論期日，因刑事程序較為集中，如未儘早開始撰擬辯護狀，勢必人仰馬翻。從而，與當事人確定答辯要旨、辯護策略後，應開始著手進行撰擬辯護狀，隨函查事項回覆逐步到位、證人依次進行交互詰問後，依所得之證據資料，逐步撰擬辯護狀。

　　至於辯護狀的段落及架構，可由犯罪構成要件，或法院於準備程序時依刑事訴訟法第 273 條第 1 項第 3 款整理之「案件及證據之重要爭點」，應考量辯護策略，詳加考慮選擇。

　　再次提醒律師文書之讀者「專業」、「忙碌」及「懷疑」的特性，在撰擬辯護狀時應注意：

1. 卷證併送下，卷證幾乎都是不利證據，應正面迎戰。不要心存僥倖，認為法官不會看到不利的證據，檢察官不會強調不利證據。

2. 不要耗費太多篇幅在說明犯罪事實應依證據認定之、有利不利事項均應調查等基本原理，甚至引述一堆相同意旨的最高法院判例。

3. 法律以外的專業及實務，應注意法院可否理解、有無刻板的負面印象（鑑價都是隨便鑑、工程變更設計都有弊端……）。

4. 證據資料未加整理就直接送給法官，就好像將整本六法全書直接丟給當事人一樣，殘忍而且不智。作為律師都無法瞭解，都認為過於複雜時，即無法期待法官能瞭解（或願意瞭解），應再次簡化證據資料的內容。

5. 刑事案件通常卷證浩繁，應善用圖表（時間表、對照表），甚至於書

狀直接列表。

6.提醒法院注意重要的證據及主張（如將證物、筆錄直接附於辯論狀後，並以螢光筆強調）。

7.證人（尤其敵性證人）的證述，引用及論證時應特別注意，應思考如僅引用答案（或其中一句話、一段話），而沒有載明問題內容時，是否可能被懷疑斷章取義？

8.證據應詳細載明出處，以示言必有據。

六. 程序表

依照刑事訴訟法第 273 條規定，法院得就起訴範圍、是否認罪、證據能力等進行準備程序，因此，準備期日是有程序（劇本）的，以下是筆者目前使用的程序表，在準備程序開庭前，幫被告進行準備（於會議室使用投影機），讓被告能瞭解程序的進行，律師同時也逐一確認是否還有待討論事項。

	程　序	說　明
1	法官對被告告知其犯罪之嫌疑及所犯罪名（詳如起訴書所載）	被告：瞭解。
2	審判長告知權利： 一.得保持緘默、無須違背自己之意思而為陳述。 二.得選任辯護人。 三.得請求調查有利之證據。	被告：瞭解。
3	檢察官陳述起訴要旨	檢察官：如起訴書。

	程　序	說　明
4	對檢察官起訴有無意見？ 是否認罪？	被告：我沒有犯罪。
5	有無答辯？	被告：……，其餘請律師幫我辯護。
6	請陳述辯護要旨	律師【提出準備(一)狀】 1.答辯要旨 2.爭執及不爭執事項
7	整理爭執與不爭執事項	被告：請律師回答（法官可能仍要被告表示意見）。
8	法官諭請檢察官陳述用以證明被告有起訴書所載犯罪事實之各項證據及各項證據之待證事實	
9	對於檢察官所提出之前開犯罪事實之證據方法，有何意見？（提示並告以要旨）	被告：請律師回答。 律師：對證據能力表示意見
10	對被告、辯護人所提出之前開答辯要旨之證據方法，有何意見？（提示並告以要旨）	
11	有無人證需要傳喚或是書證需要調查？	被告：請律師回答。 律師：聲請調查證據如下……。
12	整理爭點	
13	就各項證據於審判期日調查之範圍、次序及方法，表示意見	被告：請律師回答。

同樣的，辯論期日是有程序（劇本）的，分享如下：

	程　序	說　明
1	人別訊問	
2	檢察官陳述起訴要旨	檢察官：如起訴書。
3	審判長告知罪名及權利告知 記載要旨之詢問	被告：瞭解。
4	對起訴書之犯罪事實有無意見？	被告：無罪。
5	提示證物	檢察官：同前所述。 被告／辯：辯論時表示 ……。
6	對於自己警詢、偵訊及法院所言，有何意見？	
7	檢察官及辯護人詢問被告（第 163 條第 1 項前段）	檢察官：無 辯：無
8	審判長就被訴事實訊問被告（第 161 條之 3、第 288 條第 3 項）	一．訊問被訴事實 二．調查被告先前自白或供述
9	對前科紀錄表有無意見？	檢察官：無 辯：無
10	有無證據需要調查？	檢察官：無 被告／辯：無
	宣示調查證據完畢開始辯論	
11	檢察官論告	不一定會提論告書
12	被告答辯	被告：理性部分
13	辯護人為被告辯護	

	程　序	說　明
14	就科刑範圍辯論 對科刑有無意見?(法定程序,不代表已認定有罪)	檢察官:依法量刑 辯:無罪判決
15	被告學經歷、經濟狀況、家庭狀況?	
16	沒收意見?	
17	被告有無最後陳述	被告:感性部分
18	宣示判決期日	

12 校 稿

一. 完成初稿

㈠傳送當事人審閱

書狀初稿[1]完成後，律師應即將初稿傳送給當事人審閱（通常以電子郵件），詢問當事人有無錯誤或意見。

關於當事人審閱初稿，應注意以下幾點：

1. 接受當事人委任時，律師應即與當事人討論如何傳送初稿，包括傳送方式、是否須副知第三人、預計傳送時間等事項。且傳送初稿時，不應僅考量律師個人便利，而應衡量當事人便利、迅速及機密等因素。

2. 當事人（或當事人之承辦人）有數人時，最好仍分別傳送。傳真時如需受件者代為傳送，應於傳真首頁中註明，通常記載為「副本：法務室〇〇〇先生（請收件人傳送）」。

3. 傳真首頁或電子郵件中，應明確表示希望當事人回覆的期限[2]、預

---

[1] 通常書狀都經過一再地增刪修飾，數易其稿，此時的文稿可稱為「草稿」；至於此所謂「初稿」，係指對當事人而言的初稿。

[2] 雖稱為回覆期限，但宜由律師主動詢問有無錯誤或意見。

計遞狀的時間；如有其他當事人應配合的事項（例如準備裁判費、委任書用印等），應一併表明。

4. 傳送初稿後，應以電話（或簡訊）確認當事人是否收到，如無暇處理，可請助理或秘書代為聯絡。

㈡詢問當事人意見

傳送初稿供當事人審閱後，在回覆期限前，律師應主動詢問當事人有無錯誤或意見，由於可能需討論及決定文稿內容，不宜請秘書代為詢問。

關於當事人回覆，應注意以下幾點：

1. 當事人如無專業背景，當事人可能僅校對文字及事實，不能期待當事人會替律師找出所有文字及事實的錯誤。即使當事人（或其承辦人）有法律專業背景，亦不能期待當事人會替律師找出所有文字、事實及法律上的錯誤。

2. 將初稿傳送給當事人審閱，並非校對及檢查的責任即轉嫁給當事人，即使當事人有更正錯誤或回覆意見、即使當事人表示其已逐字校對，律師仍應注意書狀內容有無錯誤，尤其，當事人的意見及更正的錯誤越多時，越不能掉以輕心。

也可以說：律師應「假設」當事人根本沒有仔細審閱，或乾脆當作自始就沒有送當事人審閱。

3. 當事人（或其承辦人）有數人時，除當事人另有指示外，應個別徵詢其意見。另當事人為公司、法人或行政機關時，除特別注意回覆時間外，並應注意何人有決定權限。

4. 當事人對初稿有意見時，應討論及取得共識，不應照單全收[3]。

---

[3] 尤其在實習律師或新進律師階段，如果無法溝通或有任何問題，應儘速向指導律師或資

5.如有必要，修正後的文稿，應再傳送當事人審閱。

㈢實習或新進律師完成初稿

附帶一提，如撰稿者為實習或新進律師，有些事務所在送當事人審閱前，會先經指導或資深律師審核。送指導或資深律師審核文稿時，應注意下列事項：

1.指導或資深律師通常都甚為忙碌，常常臨時另有要事，故最好在要求期限前幾天交稿，拖延至最後一刻才完成，不僅無暇仔細審閱，容易出錯（及出火），亦無法充分討論、請益。至於遲誤期限，更是實習或新進律師的大忌[4]。

2.注意有無前次被指正的錯誤，尤其誤寫、誤算等顯然錯誤，實習或新進律師通常「最多」僅會被原諒一次。

3.不應期待指導或資深律師會代為校對文字及事實。

4.不應期待指導或資深律師會代為檢索資料。

5.指導或資深律師可能並不清楚事實及緣由，如對其意見有疑義時，應提出討論。實習或新進律師並不是打字機，要有獨立思考的能力。

6.指導或資深律師忘記（或否認）當初的指示，並不足為奇。

二.完稿後的檢查

與當事人確認書狀內容後，並不是將書狀丟給助理或秘書即可，在起

深律師報告。

4　即使指導或資深律師平日和善親切，亦不應拖延遲誤，否則，你會發現他變成完全不同的另外一個人。

訴狀完稿後，律師須一再檢查下面事項：

類　別	檢查項目
首　頁	□當事人名稱或姓名（尤其當事人為公司、法人或行政機關時） □當事人法定代理人姓名 □當事人（尤其被告）住所
中　頁	□聲明有無倒置原、被告的情形？ □聲明金額是否正確？ □編號、標題及層次有無錯誤？ □強調文字是否明顯？ □格式是否正確？
底　頁	□法院全銜是否正確完備？ □書狀日期是否正確？ □當事人[5]及律師簽章有無錯誤？
附件及證據	□與底頁記載是否一致？ □強調標記有無遺漏？

　　完稿後的檢查，主要是形式及格式上的檢查，尤其是首頁及底頁部分，如果首頁及底頁係由其他檔案複製而來，更應逐字逐項檢查。

　　在首頁及底頁常見的錯誤有：股別案號錯誤、當事人姓名錯誤、有限公司誤載為股份有限公司、未注意法定代理人已變更等等。

　　如前所述，雖然律師應傳送初稿予當事人，但律師不能期待當事人會找出所有文字及事實的錯誤。尤其，當事人經常忽略首頁及底頁的記載，其原因，除因無暇注意外，或因為當事人認為首頁及底頁屬於律師專業部分，或因為當事人並無任何資料可據。

---

[5] 在起訴狀、上訴狀、撤回狀等，重大或關於特別代理權事項的書狀，不少律師會請當事人一併在書狀中簽章，以期慎重，另亦可避免爭議，可供參考。

　　中頁的文字有修正時，不能僅檢查修正的部分，最好從頭再檢查一次，倘時間緊迫，至少亦應檢查該段落及其前後段。

　　如果同一案件有數個共同承辦的律師，不要期待其他律師會代為檢查。至於同一案件有數事務所共同承辦時，自然更不能有任何的錯誤。

　　校對及檢查，越多次越好，最好有空即檢查，如果開庭順便自行遞狀，在收發室前，亦最好再看一次。就時間言，可分為「初」、「修」、「報」、「蓋」、「送」五個時期：

類別	時　間	注意事項
初	撰擬初稿時	□不要僅在螢幕上校對，「務必」列印出來檢查。 □應輕聲誦讀，以注意行文是否流暢。 □不能單單依靠秘書或助理為校稿。
修	一有修正時	□有任何增刪修正時，應全部再檢查一次。 □倘時間緊迫，至少亦應檢查該段落及其前後段。 □急事緩辦，越急迫時，越應沉著仔細。
報	報告當事人前	□送當事人的文稿，仍為對外文書，代表律師個人及工作品質，仍應詳細檢查。 □不能期待當事人會找出所有文字及事實的錯誤。
蓋	完稿蓋印前	□完稿蓋印前，仍應檢查。 □應特別注意有無形式及格式上的錯誤。
送	法院遞狀前	□在送進收發室前，有機會即應檢查。

　　請好好校稿，否則有些錯誤不但會讓全身發涼，而且會讓你血液瞬間結冰。

13 圖 表

　　藉由表格、照片、圖例（示），甚至使用模型、樣品、影片，均可圖像化、具體化主張（尤其涉及專業或技術）。

　　在學生階段，法律人即已習於利用圖表幫助記憶、整理法律關係或學說。而很多人一看到實例題，自然而然會一邊看題目一邊繪製當事人間的關係圖，以避免混淆其間關係。

　　律師使用圖表為說明的機會甚多，例如法院書狀，即常以圖表為附件，說明前後的時間順序或當事人間的複雜關係；而在仲裁程序中，仲裁人亦常要求以圖表代替書狀。在律師文書中使用圖表，有下列的實益：

1 輔助文字（或文筆）的不足

　　文字是單線的，僅能依序審閱；而圖表則是平面的，得以縱橫交錯為說明。

　　律師文書的內容，有時涉及的時間、事實或關係，錯綜複雜，即便可用文字加以表示，但仍無法表達其間複雜的關係，而利用圖表，得輔助文字（或文筆）說明的不足。

2 節省篇幅及文字

　　圖表係綜合位置、圖形及文字為表示，毋庸一一贅述，故可節省相當

的篇幅及文字。例如標的為多項債權、支票或土地時，即可利用表格簡化，毋庸一一載明起息日、票款、票號、發票日、地號或面積等等。

實務上，在訴之聲明中使用附表，除可簡化篇幅及文字外，另有特定標的、便利審閱等優點。

3 便利讀者審閱

有些時間、事實或關係，雖然可用簡單的文字加以說明，但如說明篇幅過長時，審閱即可能費時費力，甚至混淆錯亂，尤其，律師文書的讀者通常甚為忙碌，利用圖表為說明，將便利讀者審閱，減少誤解或遺漏。例如：在簡述當事人與行政機關間文書往返的事實時，雖然不難撰寫，但如前後往來數次、函文的時間、文號即占據大部分篇幅，審閱內容都甚為困難，遑論釐清前後時間關係。

4 節省時間

圖表係綜合位置、圖形及文字為表示，故可節省重複、單調或困難的文字，相對節省撰擬的時間。

即使有時另須以文字說明圖表（例如當事人關係圖，不能僅有姓名及線條）、圖表僅是輔助說明（例如在書狀中簡述事實），由於可參閱圖表撰擬文字，減少錯誤，自然可節省相當的時間。

一. 使用圖表應注意的事項

㈠圖表儘量插入內文，注意圖表的位置

受限於文書編輯軟體，判決不容易插入圖表，故法院判決書都是在判決書後附表、附圖。但律師是用 Word，插入圖表、照片很容易，法官可於內文中直接審閱圖表、照片，自然會較方便，如果可能，彩色列印的效果更好。

當然，不是所有圖表都適合插入內文，全部圖表、一堆照片都塞在內文中，反而達不到效果，使用時也應注意位置、大小是否合適，儘量將圖表及說明置於同一頁。

㈡圖表仍須以文字或言詞為說明

圖表固然可輔助文字的不足，但在圖表中，有需要用文字為說明時，仍不可吝用說明文字，期待讀者必能望「圖」生義。

文字有一定的文法可循，而且不外由上而下或由左而右，但圖表表達方式，因人而異，故須另為解釋及說明，否則有時不知如何開始。從而，除加註說明文字外，有機會時，並應以言詞說明，便利讀者瞭解圖表的內容或審閱方法。例如：如為當事人間聯絡文書，應於開會時詢問當事人可否理解；如為書狀附表，更應於開庭時說明並引導法院審閱，倘無法逐一說明其內容（例如往來函文的時序表），或無須逐一說明其內容（例如文號等輔助資料），至少應說明其審閱方法。

另外，在訴訟中製作圖表時，圖表僅是輔助工具，故倘為重要或基本

的事實及理由，不可有圖無文，仍應在書狀中表示事實及理由，除避免法院忽略外，並便利法院製作判決。

㈢圖表內的文字、圖形應易於審閱

圖表係輔助文字，故其內容，應儘量便於審閱，不應難以辨識，或須費神辨識。從而，圖表內文字及圖形不宜過小，應注意強調符號或文字是否清楚，必要時應彩色列印或加以著色。

㈣圖表不應過於複雜，亦不應過於簡單

盤根錯節、密密麻麻的圖表，讀者會有不知如何著眼的感覺。忙碌的律師文書讀者，是不會花時間去找第 18 行第 6 列的內容為何，即使願意看，亦可能錯看至第 19 行第 6 列。從而，過於複雜的圖表，只會令讀者立即放棄而回頭審閱冗長的文字，盡失製作圖表的目的。故製作圖表時，應避免過於複雜，內容龐雜時，除簡化其內容外，亦可細分為數個圖表，分頁加以說明。

過與不及都不適當，尤其，律師文書的讀者的專業特性，有時帶有強烈的自尊與自信，從而，過於簡單的圖表，無異貶低讀者，如因此有任何的不快、輕視，或日後排斥審閱一切圖表，都是十分冤枉的。

㈤先圖表，後文字

如律師撰擬文書時，認為有製作圖表的需要時，最好先製作圖表，再依照圖表撰擬文書。其原因，除參閱圖表撰擬文字，較為省時便利外，依照圖表撰擬文字的同時，亦可再次檢查圖表是否正確？是否清楚？是否過於龐雜？如果發現自己都不太容易審閱或理解時，自應馬上修改。

二. 常見的圖表

㈠時間表

　　時間表是最常見的表格，很多律師在書狀（尤其起訴狀）附上時間表，以便法院對事實的先後有所瞭解。其範例如下附表：

項次	時　間	事　實	證　物
1	110/03/28	兩造訂立契約	原證一號：契約影本
2	110/05/11	被告向原告訂貨，要求十日內出貨	原證二號：被告傳真
3	110/05/15	被告收受系爭貨物	原證三號：驗貨單

　　另外，除了對外文書外，於內部文書中亦可見到律師製作時間表，作為備忘錄及索引。

　　內部備忘錄的附表，除可供律師個人研究案情、資深律師審閱、移交案件或與當事人開會討論等用途外。另外，由於開庭時無暇逐一翻找、細看厚重的書狀或卷證，故不少律師將時間表作為開庭（或準備開庭）的主要資料。

　　內部備忘錄的附表，與提出於法院的附表格式上略有不同，其範例如下：

【112/3/28 第三版，僅供內部討論用】

項次	時　間	事　實	證　據	附　註
1	110/03/20	原告擬契約草稿，被告要求修正 §18II		
2	110/03/28	兩造訂立契約	A1：契約	
3	110/05/11	被告向原告訂貨，要求十日內出貨	A2：傳真	§18II
4	110/05/15	被告收受系爭貨物	A3：驗貨單	被告經理驗收被告不爭執？D3傳真？

就前揭兩範例表格，對照說明如下：

	書狀附表	備忘錄附表
項次	便於當庭引述時，法院查閱方便	便於討論及整理卷證[1]
時間	以民國記年	不限
事實	簡單扼要為原則	重要事實應記載詳盡，必要時應摘錄內容
證據	可簡略記載證據，也可記載證人證言及筆錄出處，編號宜與書狀上所用的編號一致	由於為內部文書，證物編號可用符號代替
附註		供記載或補充書寫注意事項、對造主張等，並應預留空白，以便於書寫補充
版次		備忘錄通常須多次修正、多人傳閱，標註日期及版次可避免混淆

---

[1] 當事人送來的資料有時甚為雜亂，律師應即編項列表（通常請助理），除供作內部備忘錄外，並可確認是否有所遺漏。

　　倘案情複雜，為掌握案件的內容及進行，可結合時間表、證物表及案件相關資料，製作「案件總表」，隨時將目前所有的證物、資料，按照時間彙整列表，其內容可包括：事證是否已提出？由誰提出？何時提出？編號為何？何時中斷時效？相關程序？等等與案件相關的資料，除作為開庭的備忘錄外，平常查閱或討論案情（例如資深律師或當事人突然以電話詢問何時起訴？）時，不用大海撈針、翻箱倒櫃，即可知悉十之八九的事實。

　　書狀後的時間表，其內容無非整理自書狀及證物，故可能被認為重複（反正書狀及證物都有）而遭忽略，所以不少律師會直接列表於書狀內文中。

　　在開庭時最好簡單陳述，倘推測法院並不明瞭重要的時間先後順序時，應以時間表為據，逐項說明其內容及證物。

㈡對照表

　　所謂對照表，指將標的互相比對參照的表格，其標的，可能是訴訟雙方的主張、對請求金額的意見等等；亦不限於雙方對照，可能為三方（甚至四方）的對照，例如加上鑑定人意見的對照表示。

　　對照表也是實務上常見的表格，在仲裁實務上，亦有不少仲裁人要求雙方以對照表的方式取代書狀。

　　依民事訴訟法第 268 條之 1 規定，法院應於言詞辯論期日或準備程序期日，使當事人整理並協議簡化爭點，必要時，得定期間命當事人就整理爭點之結果提出摘要書狀。該摘要書狀，應以簡明文字，逐項分段記載，不得概括引用原有書狀或言詞。實務上，高等法院曾發函指示兩造應依下面格式製作爭點整理表，可資參考：

編號	爭　點	本造之主張及出處	支持本造主張之證據方法	他造之主張及出處

　　由於整理他造的主張及出處，無論如何他造都不可能滿意。從而，除非法院特別指示，或對造拒絕整理爭點，實務上通常僅先整理我方的主張（或大致整理他造的主張），待雙方均提出並協議簡化爭點後，再由其中一造製作完整的爭點整理表。亦即在爭點整理狀後，亦可先附上如下的爭點整理表：

編號	爭　點	本造之主張及出處	支持本造主張之證據方法
1-1			
2-1			

　　另外，有時法院並未要求（或拒絕）書狀先行程序及協議整理爭點，對造亦可能排斥整理爭點。然而，為凸顯事實或主張的差異，為取得訴訟的主導權，律師可主動整理爭點（或要點），此時僅須簡單摘錄，以為比對參照，無需複雜格式，例如：

編號	要　點	原告主張	被告主張
1			
2			

　　除了主張外，事實亦可製作對照表，例如就證人陳述，倘彼此不一或前後矛盾時，亦可製作對照表，亦可與當事人一併對照，俾便法院釐清事

實，例如：

編號	待證事實	原告主張	證人 A 101/03/14 證詞	證人 B 101/03/28 證詞
1				
2				

　　另外，請求的項目甚多時，如用書狀表示，你來我往，常常沒有任何交集，此時亦可利用對照表逐一說明或表示意見，此種請求項目的對照表於仲裁事件中甚為常見，例如：

編號	項　目	金　額	原告主張	被告主張
1-1				
1-2				

　　製作對照表時，其文字自然應該更為簡要，不要逼法院寧願回頭去看書狀。

　　另外，製作對照表時，在字型大小[2]及頁數多寡間，必須為適當的權衡，否則，對於密密層層的對照表，或長達數十頁的對照表，別說法院，連對造都沒興趣細看。

(三)當事人關係圖

　　從大一開始，法律系學生即開始接觸當事人關係圖，然而當事人關係圖在訴訟實務上並不算常見，僅有在少數情況下才使用；反而在非訟實務

---

[2] 因欄位及格式的限制，對照表通常必須使用較小的字型，為免造成閱讀困難，倘硬體設備許可，可考慮使用 A3 紙張，以方便調整欄位及字型大小。

上，較常使用當事人關係圖，俾便當事人瞭解彼此間法律關係及事實。

　　其原因不難理解，在訴訟實務上，法官、檢察官或對造律師等，都具有專業的背景，有時甚至十分資深，從而，過於簡單的當事人關係圖，對專業、資深的讀者言，很可能被認為並無任何的助益。

　　事實上，在訴訟實務上，當事人關係圖仍然有其必要，僅是用途並非作為「書狀」的輔助工具，而是作為「開庭」的輔助工具。由於法院甚為忙碌，每位法官每個月要記數以百計的姓名、法律關係，其審閱書狀時雖然可釐清關係，惟開庭時，為把握有限的時間，通常陳述速度會較快，一不留心即可能無法跟上，而混淆當事人的稱謂、姓名或關係，此時，倘能利用當事人關係圖，指出目前陳述的當事人為何，引導法院瞭解，自有助於事實的釐清。

　　在開庭後，亦可詢問法院是否須將此當事人關係圖列為附件，以供法院日後參考。

　　另外，倘案件的當事人間關係眾多且複雜，仍有使用當事人關係圖為書狀附件的必要，例如票據、國際貿易等案件，為說明票據及原因關係、交易流程等，仍應利用關係圖加以說明，且最好標示審閱次序並附註說明，以免讀者眼花撩亂，無所適從。

14 證物及附件

關於文書及證物的區別，或文書證據與證據文書的區別，在訴訟法教科書均有說明，自毋庸在此說明。

實務上，關於文書及證物，並無明顯的區別，常無法自其標示分辨，可見有將文書特別標為附件者；亦有不分文書或書證，一律以證物標示者；亦有僅將委任書列為附件，其餘均稱為證物者；亦有在第三審書狀一律以附件標示者。

關於文書及證物應如何標示，法院通常並不特別要求，惟對律師言，其間仍有區別的實益，仍應特別注意。

一. 證物及附件的編號

關於證物的編號，訴訟中較常見的編號方式，會在證號前會加上當事人稱謂簡稱，以資區別何人提出的證物，例如「原證○號」、「被證○號」、「聲證○號」、「相證○號」等等，當然亦有律師不論當事人稱謂為何，僅以「證○號」表示者，多依律師個人的習慣而定。

近來為訴訟 E 化，陸續頒布「行政訴訟資料標準化須知」及「民事訴訟資料標準化須知」，但尚待進一步推廣，依該須知，原證 1 號要改為甲證 1，被證 1 號要改為乙證 1，如有兩位被告，則分別為乙 1 證 1 及乙 2 證

1，使用上並不便利，其成效如何，尚待觀察。

至於訴訟以外的文書，因無任何當事人稱謂可言，故通常簡單以「證○號」表示。但亦有僅以「附件○號」表示者，或可能認為尚無任何證據可言。

至於附件，則不論訴訟或訴訟外，通常均不加當事人的稱謂，僅以「附件○號」表示。

二. 文書內引用證物或附件

在文書內引用證物或附件，最常見的方式，是在欲引用的段落後直接以夾註號[1]表示，例如：「有被告當日所書立的借據為證（原證 1 號）」或「原告現已委任律師（附件）」；亦有不以夾註號表示者，例如前例可寫為「有原證一號被告當日所書立的借據為證」，由於前者標記較為明顯，故筆者偏好前者。

夾註號內，有時會載明證物或附件的名稱，例如前例，亦有寫為「有被告當日所書立的借據為證（原證 1 號：借據影本乙份）」或「原告現已委任律師（附件：委任書影本乙份）」者，亦有並載明日期者，惟略嫌冗贅，並不建議使用。

三. 證物及附件的記載

㈠記載位置

有格線的書狀，由於劃有「證物名稱及件數」的欄位，僅須逐項依次

---

[1] 即俗稱括號，係文句內要補充意思或註釋時用的標點符號，參附錄 6「標點符號用法表」。

載明，倘若證物或附件眾多，則可另頁載明，應無問題。

至於無格線的書狀，依民事訴訟書狀規則附件的說明，係在本文內一併載明證物或附件，再載明遞狀法院名稱，惟實務上，有參照有格線的書狀，於載明遞狀法院名稱後，另列「證物表」或「附件表」的項目名稱[2]，再逐項依次載明證物或附件者，亦有將「證物表」或「附件表」列為最後一項者。

其他如傳真、律師函等文書，證物或附件則通常列為最後一項，但不特別載明「證物表」或「附件表」。

㈡記載方法

證物或附件的記載，由於係供法院參考或辨明，不宜過為簡要，以能特定其證物或附件為原則。

證物或附件，應載明「名稱」、「性質」（原本、繕本或影本）及「件數」（乙件、各乙件、共二件……等）。

實務上，為省時簡要，倘提出者均為影本，亦有直接於證物表下載明「證物表（以下均為影本）」者。另外，由於「乙件」並無特別表明的必要，亦有逕為省略者。

關於證物或附件的記載，除「名稱」、「性質」及「件數」，尚有其他宜記載或可省略的事項：

	宜記載	可考慮省略	範　例
委任書	經公、認證	日期	附件：經公、認證之委任書乙份。
存證信函	寄件者	郵局、文號	原證一號：原告 111 年 3 月 18 日臺北郵

---

[2] 如僅有一證物或僅有一附件，即無「表」可言，直接表明即可，毋庸添足。

	宜記載	可考慮省略	範　例
	日期		局第 120 號存證信函、回執各乙件[3]。原證一號：原告 111 年 3 月 18 日存證信函、回執各乙件。
信　函	發文者 日期	文號	被證一號：臺北地方法院 111 年 3 月 18 日函。
傳　真	傳送者 日期		被證一號：原告 111 年 3 月 18 日傳真乙件。
判　例 判　決		出處 日期	最高法院 28 年上字第 1515 號判例。
論　述	著者 頁數	出版、版次[4] 著者稱謂 日期	附件一號：林誠二著，民法債編各論第 11 頁、第 12 頁。

　　須特別說明者，信函的文號，是寄件者或寄送者（存證信函）為其管理文件所為的編號，對律師文書的讀者言，並非必要的資訊，尤其，機關的文號動輒七、八碼，故在文書本文載明文號，常僅是浪費篇幅，在證物或附件表上抄錄文號，亦甚為繁瑣累贅，從而，對於律師文書而言，倘載明日期及寄件者，已足以特定所指信函，不致與其他信函混淆，即無載明文號的必要。

　　當然，倘同一日期有數份信函者，為避免與其他信函混淆，自應考慮是否載明文號。

　　另外，載明日期是為了以資辨別，故證物或附件表上載明的日期，應是信函上所載的發文日期，而非送達日期。

---

[3] 使用頓號代替「及」字，以資區別。

[4] 原則上應提出最新版次的論述，故無載明版次的必要。

四. 證物的製作

　　關於證物或文書的製作，依民事訴訟法第 118 條第 1 項規定：「當事人於書狀內引用所執之文書者，應添具該文書原本或繕本或影本；其僅引用一部分者，得祇具節本，摘錄該部分及其所載年、月、日並名押、印記；如文書係他造所知或浩繁難以備錄者，得祇表明該文書。」

　　關於正本、原本、繕本及影本的區別，應毋庸贅述。實務上，律師文書所附的證物或附件，除委任書外，幾乎均為影本，如在訴訟中有爭執時，再依訴訟法規定辦理。

　　有問題的是關於節本的規定，觀諸前條規定及立法理由[5]，似指手膳節本的情形，已與現今社會情況不符，實務上通常僅於證物或附件表中表明引用節錄的範圍。

㈠份　數

　　訴訟文書，依民事訴訟法第 119 條第 1 項規定：「書狀及其附屬文件，除提出於法院者外，應按應受送達之他造人數，提出繕本或影本」，既稱「附屬文件」，自包括所有的證物及文書，而所謂「他造」，解釋上應包括參加人及共同原、被告的情形。

　　昔日實務上常見對造律師刻意缺漏附屬文件的情形，並常成為激烈爭執的導火線，目前已不常見，但如果對造是檢察官，就不用期待了。

---

[5] 民國 24 年 2 月 1 日立法理由：「若僅引用書狀之一部，或書狀之內容，已為相對人所知，或浩繁不便膳錄者，止須添具節本，或表示書名，以節省添具繕本之勞。簽名、蓋章，乃指膳錄原文之簽名，蓋印而言。」

　　至於其他一般文書，倘未提出附屬文件，等於相對人得輕易否認或敷衍，故通常均會附上所有的附屬文件。

(二)強　調

　　由於證物或附件的內容，有時甚為複雜，可能僅其中一部分與案件相關，故實務上，通常會在重點部分用螢光筆[6]加以標示，以達到強調的效果。

　　以螢光筆標示重點，是為了強調並使讀者得以快速瀏覽重點，讀者並非僅會瀏覽標示部分，而是逐字逐句拆解（例如對造律師），從而，倘對其他部分內容有疑慮時，應考量是否提出，不應心存僥倖，認為讀者僅會審閱標示部分。相對而言，審閱對造附證時，亦不應僅限於對造標示的部分，應瀏覽所有的內容。

　　標示的重點應加以取捨，長達七、八行的標示，並無任何強調效果可言。

　　另外，為便於讀者核對及區別，通常在信函的日期或文號部分，亦會用螢光筆加以標示。

(三)標　籤

　　倘證物或附件數量眾多時，自應考慮在每一證物或附件貼上標籤，以便利讀者及律師個人翻閱。

　　配合訴訟 E 化，為利電子卷證之製作，依目前「行政訴訟資料標準化須知」及「民事訴訟資料標準化須知」，證據編號標示於第 1 頁頂端中間，不黏貼證據標籤。

---

[6] 使用原子筆、簽字筆會影響（甚至被指變造）本文內容，故建議使用螢光筆。

　　附加標籤並非華而不實的噱頭，整齊有序的證物或附件，會增加審閱的意願及機會。尤其在開庭時，由於時間有限，若事證凌亂不一、翻閱費時，對程序進行甚至呈現事實將有不良的影響。

15 附註（註腳）

或許受判決書的影響，實務上目前使用附註（footnote，註腳）的書狀，仍屬少數。但不少律師因使用附註可完整引註，亦可使書狀內文簡潔易讀，越來越多人在書狀中使用附註。

建議多使用附註，你會發現因為區分出主要資訊及次要資訊，書狀不僅便於閱讀，也可以減省版面。

有別於美國 *The Bluebook*，我國法界在註解上，並無統一格式，目前各人習慣並不相同，各刊物要求亦不盡相同，審、檢、辯、學亦欠缺溝通平臺，短期內應不易形成共識。也可以如此安慰自己，未統一格式同時亦代表自由，律師得視文書的目的，更加靈活地運用附註。

附註分為隨頁附註（本書採用隨頁附註）及章節附註。章節附註類似於證物表、附件表，不用特別介紹，以下均係就隨頁附註為說明。

一. 使用附註的時機

論文或一般文章使用附註的目的，多為了註明資料出處，但律師文書有其特別的讀者及目的（用途），使用附註的時機更多。

(一)註明出處

附註最常見的用法，在於註明資料、證據的出處。雖然文書、書狀後的附表亦可表明出處，惟如於頁面下方即隨頁附註出處，自有助於忙碌、懷疑的律師文書讀者立即查考。

(二)簡潔版面

善用附註，可將次要資訊安排於附註文字中，使本文更加簡潔，易於閱讀，減少讀者不耐的可能性。

在引用公文時，因機關名稱、日期、公文文號甚長，如未使用附註，引用幾個「行政院公共工程委員會 101 年 2 月 20 日工程企字第 10100058040 號函」、「行政院國軍退除役官兵輔導委員會 95 年 10 月 16 日輔貳字第 0950019099 號函」……，就用去大半頁。

另如前述，在文書內引用證物或附件，常見以夾註號表示，例如：「有被告當日所書立的借據為證（原證 1 號）」，如想載明詳細證物之名稱及表明出處，而將前例寫為「有被告當日所書立的借據為證（原證 1 號：110 年 3 月 18 日被告親筆借據影本乙份，詳原告 111 年 5 月 28 日起訴狀，正本容當庭提出）」，自嫌冗贅，如使用附註，即可使版面簡潔，同時亦可載明詳細名稱及表明出處。

刑事書狀因目前卷證併送，且證據、卷證的名稱通常較長，更需要以附註註明出處，讓本文更加簡潔，例如引用證人供述時，即可使用附註，註明出處為「證人甲○○ 110 年 3 月 18 日調查局筆錄，詳 109 年度偵字第 999999 號卷一頁 77，第 11–15 行」；引用非供述證據，則可註明出處為「『調查局臺北市調處』卷第 11–57 頁（即檢方非供述證據 11）」。

　　有時數位證人會有相同的證述，利用附註可使本文簡潔，例如：「就此，業據證人甲○○[7]、乙○○[8]及丙○○[9]證述明確在卷，丁○○於110年9月21日調查局第一次詢問時，亦一再表示被告從未參與本案[10]」；反之，如果未使用附註，前例少說也要占大半頁的篇幅。

　　另外，在使用表格時，如所有文字都擠在本文中，不僅將造成表格過長、一堆空白，有時連表格的重點及結論都被埋沒，以最常見的對檢方證據的證據能力之意見為例：

	檢方證據	檢察官主張之待證事實	被告對證據能力意見
12	原估價、合約單價比較表	顧問公司估價為7億元，經更改為8億7,941萬元，浮編預算1億7,941萬元。	該比較表係調查局臺北市調查處所作之整理表格，為被告以外之人於審判外所為之書面陳述，且依最高法院97年度台上字第3040號判決、最高法院97年度台上字第3040號、第1407號、第272號、96年度上字第7335號。該比較表既係臺北市調查處人員針對本案所作成之文書，並非通常業務過程反覆實行之活動，且應可預料上開文書恐有作為證據使用之可能，並非刑事訴訟法第159條之4第1款所規範之特信性文書，非屬傳聞證據之例外，不得作為認定事實之證據。

　　如使用附註時，表格內僅簡述該證據無證據能力的理由，上開範例中的文字均可移至附註。例如：

	檢方證據	檢察官主張之待證事實	被告對證據能力意見
12	原估價、合約單價比較表	顧問公司估價為 7 億元，經更改為 8 億 7,941 萬元，浮編預算 1 億 7,941 萬元。	該比較表為被告以外之人於審判外所為之書面陳述，亦非特信性文書，無證據能力[10]。

————————

[10] 該比較表係調查局臺北市調查處所作之整理表格，為被告以外之人於審判外所為之之書面陳述，且依最高法院 97 年度台上字第 3040 號判決、最高法院 97 年度台上字第 3040 號、第 1407 號、第 272 號、96 年度上字第 7335 號。該比較表既係臺北市調查處人員針對本案所作成之文書，並非通常業務過程反覆實行之活動，且應可預料上開文書恐有作為證據使用之可能，並非刑事訴訟法第 159 條之 4 第 1 款所規範之特信性文書，非屬傳聞證據之例外，不得作為認定事實之證據。

使用附註亦可簡省表格欄位，例如聲請傳喚數位證人時，雖可以表格方式表示，例如：

	證 人	地 址	待證事實	聲請理由	時 間
1	甲○○	臺北市 10048 中正區博愛路 131 號 9 樓	1. 甲○○取得經營權之相關事實。 2. 甲○○與乙○○簽立 110 年 9 月 10 日協議書之相關事實。 3. 甲○○與丙○○簽立 110 年 9 月 21 日協議書之相關事實。		2.5 小時
2	乙○○	臺北市辛亥路 2 段 185 號中央百世大樓	1. 甲○○與乙○○簽立 110 年 9 月 10 日協議書之相關事實。 2. 乙○○於 110 年 9 月 11		0.5 小時

證　人	地　址	待證事實	聲請理由	時　間
		日匯款至丁〇〇帳戶 1,000 萬元之相關事實。		

　　但地址並非主要資訊，不需要特別使用 1 欄，讓表格顯得擁擠且複雜，此時地址即可移至附註（在證人姓名後使用夾註號亦可）。另聲請理由常數人共同，待證事實之重要性通常高於聲請理由，可於表格後另以本文說明聲請理由即可（有時亦可省略）。故上開表格可修改為：

	證　人	待證事實	時　間
1	甲〇〇[1]	1.甲〇〇取得經營權之相關事實。 2.甲〇〇與乙〇〇簽立 110/9/10 協議書之相關事實。 3.甲〇〇與丙〇〇簽立 110/9/21 協議書之相關事實。	2.5 小時
2	乙〇〇[2]	1.甲〇〇與乙〇〇簽立 110/9/10 協議書之相關事實。 2.乙〇〇於 110/9/11 匯款至丁〇〇帳戶 1,000 萬元之相關事實。	0.5 小時

　　引用數個最高法院判決、判例時，亦可將案號移至附註，在本文簡單表示「迭經最高法院著為判例」、「已成實務通說」、「高等法院已有數判決明確揭明」。

(三)提　醒

　　面對忙碌的律師文書讀者，每位律師雖然都知道，太長（或重複）的書狀對案件沒有幫助，要兼顧效果及簡要，並不是容易的事，重要的爭點，只在書狀中主張一次，當然不會安心。一再重複主張，又擔心讀者不耐，此時善用附註，夾帶以往已經提過的主張，亦可達到提醒的功能。

例如在書狀中提及：「就原告已拋棄一切請求及原告已自認渠並未受有損害等節，前已證述甚詳」時，可於「原告已拋棄一切請求[1]」及「原告已自認渠並未受有損害[2]」分別加上附註，於[1]附註文字中載明：「即依兩造110年1月4日會議結論三，原告已不再爭執被告決定，詳被告111年5月28日答辯狀所載」。

甚至為達提醒功能，先前書狀所提的附表，亦可夾帶至附註中，例如「就此，被告前已表列相關交易明細[1]」、「除有前呈財報（並彙整如附表[10]）可證外，亦經證人甲○○到院證述甚詳[11]」。

㈣避免爭議

在本文中為了行文順暢、歸納結論，有時無法逐字摘錄法條、證據全文。此時為了避免爭議，被指摘（或被懷疑）斷章取義或曲解事實，亦可使用附註。

以證人證述為例，在書狀本文中如只寫「證人亦結證表示其從未告知被告本案土地價格」，不免過於簡略，而無法為忙碌、懷疑的讀者（法官、檢察官、對造律師）所接受，此時使用附註，摘錄筆錄完整內容，讓讀者詳加比對，亦可同時避免爭議。

摘錄筆錄內容，有時不能只摘錄「回答」全文，通常亦需摘錄「問題」全文，其目的仍在為了避免爭議。

但此時仍可簡省部分文字，如筆錄上的記載為：

範例 27

檢察官問：

　既然這個公函要「注意有無於月初尚未發生即先行支付情事」，是否表示特

別費須有因公支用之事實發生，才能來申請？

證人吳某某答：

　　這我已經完全忘記了。

檢察官問：

　　那時候已經不是你做的了。

證人吳某某答：

　　對對對。

　　在附註文字中，「檢察官問：」可簡稱為「檢」，「證人吳某某答：」可簡稱「答」，也不需一答一問都要另為分段，例如：

參見吳某某 110/3/28 審理筆錄（本院卷第 109 頁）：

（檢：既然這個公函要「注意有無於月初尚未發生即先行支付情事」，是否表示特別費須有因公支用之事實發生，才能來申請？）答：這我已經完全忘記了。（檢：那時候已經不是你做的了。）答：對對對。

二. 附註文字的內容

　　由於附註不會影響本文的閱讀，附註文字只要特定、明確即可，故日期可以 yy/mm/dd 格式，頁碼也可用英文格式。例如前面數例可簡寫為：

完　　整	簡　　寫
行政院公共工程委員會 101 年 2 月 20 日工程企字第 10100058040 號函	工程會 101/2/20 工程企字 10100058040 號函
110 年 3 月 18 日被告親筆借據影本乙份，詳原告 111 年 5 月 28 日起訴狀，正本容當庭提出	110/3/18 被告親筆借據影本乙份（見原告 111/5/28 起訴狀，正本容當庭提出）
證人甲○○ 110 年 3 月 18 日調查局筆	證人甲○○ 110/3/18 調查局筆錄（109

完 整	簡 寫
錄，詳 109 年度偵字第 999999 號卷一頁 77，第 11–15 行	偵 999999 卷一 p. 77 第 11–15 行）
即依兩造 110 年 1 月 4 日會議結論三，原告已不再爭執被告決定，詳被告 111 年 5 月 28 日答辯狀所載	即依 110/1/4 會議結論三，原告已不再爭執被告決定，詳 111/5/28 答辯狀

使用附註，是為了表明出處及簡潔版面等，何時應用附註？何時要於本文中強調？應審慎思考，靈活運用。先前列於主文的文字，可能這份書狀應列於附註；先前列於附註，可能因訴訟變化，而轉至本文中強調。要強調某證物早已在卷內，亦可能在本文中指明出處（此時可使用夾註號）。

附註文字也並非一定須簡寫，例如前述 110/3/28 審理筆錄的範例，在特別強調某一段文字、或特別要加以指摘時，就可依原筆錄上的記載及段落。

使用附註，是為了讓文書更清楚、更完整、更易於閱讀，不宜僵化，否則反而喪失使用附註的目的。

另外本文中即應省略的文字，不要輕率移至附註中，例如民法第 179 條、民法第 184 條等會使專業、忙碌讀者不耐的法條全文，於本文中即可省略，移至附註中並無任何意義。

附註固然可簡潔本文的版面，但亦不宜就直接將數十行的判決、筆錄「剪貼」至附註中。請以讀者角度檢視一下版面，如果你是讀者，看到如此的書狀，會覺得舒服嗎？會仔細看嗎？

16 與當事人間聯絡

當事人律師與當事人間關係密切，不僅聯絡頻繁，且依律師倫理規範第 27 條第 2 項規定：「律師應依據法令及正當程序，盡力維護當事人之合法權益，對於受任事件之處理，不得無故延宕，並應適時告知事件進行之重要情事。」

現在行動電話普及，LINE 更是如影隨形，時常開庭回所途中，當事人即打行動電話（或 LINE）主動詢問開庭事宜，但律師與當事人間聯絡，仍有以書面（目前多以電子郵件傳送）為之的必要，其原因不外這些聯絡關係律師或當事人權益。

請以電子郵件與當事人聯絡，不要使用 LINE 等通訊軟體，一換手機就找不到，當事人用 LINE 與你聯絡，就用 LINE「及」電子郵件回應。近年來，律師公會處理的倫理風紀案，不少律師就是因為使用 LINE 聯絡而吃虧。

一. 宜以書面為之的事項

律師與當事人間的聯絡，在下面情形，即使當事人未要求以書面為之，建議應（宜）以書面為之（不論曾否口頭告知）：

類　別	內　容	說　明
特別代理權事項[1]	捨棄 認諾 撤回 和解 提起反訴、上訴、再審之訴、非常上訴、附帶民事訴訟 聲請再議 選任代理人 強制執行 領取所爭物	□即使在委任書上已載明有特別代理權，於特別代理行為時，仍應通知當事人，其目的在於確認權限及釐清權責。 □實務上，因時間關係，選任複代理人時（委託他人開庭），通常並未事先通知，但須特別注意當事人反應。 □如有需要，可附帶說明：是否同意繼續委任、委任書簽署及酬金約定等問題。
和解相關事項[2]	和解權限 通知對造所提要約或新要約內容 確認和解內容	□對造提出和解要求時，應以書面通知當事人，並請求指示是否進行和解及和解權限。 □在和解協商過程中，雖以電話直接和對造（或其律師）談判，但和我方當事人間，宜以書面方式聯絡，以確認是否符合權限。 □確認和解內容，與確認一般契約內容無異，自應以書面方式，供當事人參考，並請求當事人以書面回覆。 □當事人為法人、公司或行政機關時，應注意何人有決定權限。

[1] 民事訴訟法第 70 條：「訴訟代理人就其受委任之事件有為一切訴訟行為之權。但捨棄、認諾、撤回、和解、提起反訴、上訴或再審之訴及選任代理人，非受特別委任不得為之」、「關於強制執行之行為或領取所爭物，準用前項但書之規定」、「如於第一項之代理權加以限制者，應於前條之委任書或筆錄內表明。」

[2] 律師倫理規範第 30 條：「律師於執行職務時，如發現和解、息訟或認罪，符合當事人之利益及法律正義時，宜協力促成之。」

類　別	內　容	說　明
利害衝突事件[3]	說明利害衝突 請求同意利害衝突	□ 即使並無利害衝突，基於尊重及維持當事人間良好關係，律師應主動報告或說明。 □ 請求當事人同意利害衝突，關係律師及當事人之權益甚鉅，自應以書面為之，並請求當事人以書面方式回覆。
重要期間的通知	不變期間 裁定期間 訓示期間 重要開庭期日 其他	□ 除不變期間外，裁定期間（例如補繳裁判費）、重要開庭期間（例如訊問證人期間），亦應以書面方式通知當事人。 □ 通知的內容應通俗易懂（或加以解釋），並明確說明期限的特定日期[4]，並說明不遵守的效果。
業務上所持有的金錢	代為繳納擔保金、裁判費 返還擔保金	□ 代為繳納各項費用時，應以書面向當事人說明理由、數額（包括如何計算）、可否返還、何時返還、如何繳納（現金、臺支或有價證券）等事項。 □ 如以有價證券或臺支為擔保金時，應以書面向當事人說明理由、意義及如何準備[5]。 □ 返還因業務上所持有的金錢時，除應製作收據外，必要時應予影印。
業務相關事項	代刻印章及使用 交付代領、代收款項[6] 保管物品（例如印章、證件）	□ 律師執行業務時，常有幫當事人代刻印章、保管物品等額外的服務，此項服務雖係基於善意及誠信，但仍應注意權責。 □ 保管及返還物品時，自應以書面為之。

---

3 請參閱律師倫理規範第 31 條各款規定。

4 律師自不可期待當事人自行計算期限的日期。

5 例如：如何購買臺支，臺支的受款人等事項。

6 參見律師倫理規範第 38 條：「律師對於受任事件代領、代收之財物，應即時交付委任人。但法令另有規定或契約另有約定者，不在此限。」、「律師對於保管與事件有關之物品，應於事件完畢後或於當事人指示時立即返還，不得無故拖延或拒絕返還。」

類　別	內　容	說　明
提醒（警告性質）	法院要求事項當事人配合事項（例如提出證據、說明證據）	□ 法院指示要求的事項，應以書面方式通知當事人，除具體說明要求事項外，並應載明應提出的時間。 □ 當事人有時漫不經心，承辦人員有時事不關己，拖延、敷衍應配合的事項，於「必要時」，律師應以書面方式為提醒[7]，如有期限，並應載明應提出的期限。

　　以上各項，很多係基於釐清事實及權責的目的，甚至過於謹慎，但應注意的是，律師與當事人間雖有信賴關係存在，反目成仇的情形亦不多見，但清楚明確的權利義務關係，除避免紛爭外，是有助於律師業務的執行，例如：當事人對於事實最為清楚，如以書面方式聯絡，當事人可再為審閱校對，避免錯誤發生（例如：提存書誤繕姓名或地址、和解金額或內容有所遺漏或錯誤）。

　　甚至，對於當事人而言，詳盡的書面報告，即代表律師認真負責，有助於維持與當事人間長久關係。

　　當事人於案件中疏漏未保留書面證據，其理由不外：事務繁忙、信賴對方、關係久遠、擔心破壞關係等等，就這些理由，律師或遺憾，或抱怨，或斥責。從而，反求諸己，律師與其當事人間的委任事務，與一般法律行為無異，自應以相同標準，不得草率行事，否則，律師又有何立場要求當事人？又有何立場斥責當事人？斥責當事人粗心大意，凡事卻以電話聯繫，不留任何書面，忽略任何可能風險，律師和一般當事人又有何差別？

　　當然，律師工作繁忙，以書面方式聯絡當事人，的確較為費時費力，

---

[7] 用字遣詞必須注意及節制，以書面提醒的目的，還是為了完成委任事務，並非破壞雙方關係或懲罰承辦人員。

因此，最經濟的方法，在於建立聯絡的例稿，並分門別類[8]，便利日後逕為取用。

二. 與當事人聯絡文書的撰擬原則

聯絡文書並非正式法律意見，無須詳細解釋法律規定，亦非書狀或信函，無須為反駁或主張，重於「傳達」，而非「說服」，性質上近於「說明文」。

律師與當事人間聯絡的文書，更應注重「直接說明」、「詳細指示」、「通俗易懂」的原則，其要點如下：

㈠直接說明

聯絡文書應直接、明確使當事人知悉聯絡的目的（例如：通知、請求同意、請求指示等），從而，除了在內容部分應直接明確的說明以外，「主旨」亦應明確記載目的，例如：

函文　　　　　主旨：為通知某某案上訴期限事，請查照。

E-mail 或傳真　　主旨：某某案上訴期限

㈡詳細指示

如有指示或請求當事人配合的事項，除了應詳細說明「依據」、「內容」及「目的」外，並應詳細指示，如有數項，應分別列舉，並具體說明其內

---

[8] 例稿應獨立於卷宗之外，否則時日一久，找尋比重寫更花時間，就完全喪失例稿的意義了。另外，即使事務所有提供例稿，建議仍建立自己的例稿檔案。其原因：一則檢索快速；一則使用已建立的例稿，容易發生應修正的事項漏未修正的情形。

容；如未能確定內容，亦應說明並舉例；如有期限，並應明確載明期限的日期。

範例 28

請求當事人提供證據

一.（略）

二.為證明　台端所受損害的數額，請儘速提供下列單據：

　　1.因車禍所支出的費用，例如：醫藥費用、交通費用（包括就醫及上班）、修車廠發票（應詳細載明項目）等。

　　2.因車禍所減少的收入，例如：請假單（應經主管蓋章）、薪資單（或薪資扣繳憑單）等。

三.如有任何疑問，請儘速與本律師聯絡。

範例 29

通知當事人上訴期限時

一.（略）

二.按提起上訴應於第一審判決送達後 20 日之不變期間為之，民事訴訟法第 440 條定有明文，查本律師係於 111 年 2 月 1 日代　台端收受本件判決正本，則　台端至遲應於 111 年 2 月 21 日前提起上訴。

三.（略）

㈢通俗易懂

聯絡文書的對象為當事人，用字自應通俗易懂，可以省略不必要的法律用語，例如範例 29 中，並不需要向當事人解釋何謂「不變期間」，且

「按」「查」、「則」等語對一般當事人而言過於正式[9]，故前例亦可改寫為：

範例 30

通知當事人上訴期限時

一.（略）

二.上訴期限為收受判決書後 20 日，本件判決書係於 111 年 2 月 1 日收受，應於 2 月 21 日前提起上訴。

三.（略）

其實，與當事人聯絡的電子郵件，就是把電話聯絡的內容寫成文字，不是寫公文或發律師函，比口語正式一點就好，大部分當事人沒有學過法律，不習慣拗口的文字，口語白話一點，當事人才看得懂，這才是聯絡的目的。

三. 訴訟費用說明

律師與當事人間的任何金錢往來，為免爭執，自應以書面為之。關於律師酬金[10]及日常業務的代墊款（例如車資、閱卷費用等），因有收據可稽，自無須逐一報告或說明。

比較應注意的是訴訟費用，由於當事人並不熟悉法院實務及法律規定，關於訴訟費用的事項，律師自應予以說明。

---

[9] 如當事人為公司或行政機關，或個人偏好較為正式的用語，使用前例亦無不可。

[10] 並請參見律師倫理規範第 39 條第 1 項規定：「律師應於與當事人成立委任關係時，向委任人明示其酬金數額或計算方法，且以文字說明為宜。」

代為繳納各項訴訟費用時，應以書面向當事人說明理由、數額（包括如何計算）、可否返還、何時返還、如何繳納（現金、臺支或有價證券）等事項。

以下試以裁判費為例：

範例 *31*

一. 關於　貴公司擬起訴請求 A 公司賠償損害乙案，因本件訴訟標的金額為新臺幣（下同）13,795,800 元，則依民事訴訟法第 77 條之 13 規定，計算本件第一審的裁判費如下：

訴訟標的金額		13,795,800 元
其畸零之數不滿萬元者，以萬元計算		13,800,000 元
在十萬元以下部分，徵收一千元	1,000 元	
逾十萬元至一百萬元部分，每萬元徵收一百元	9,000 元	即 (1,000,000–100,000)÷10,000×100=9,000
逾一百萬元至一千萬元部分，每萬元徵收九十元	81,000 元	即 (10,000,000–1,000,000)÷10,000×90=81,000
逾一千萬元至一億元部分，每萬元徵收八十元	30,400 元	即 (13,800,000–10,000,000)÷10,000×80=30,400
裁判費總計	121,400 元	

二. 本件第一審裁判費計應預納 121,400 元（於判決確定後依勝敗比例分擔），本所將於起訴時一併繳納。是請　貴公司於 5 月 18 日上午 12 時以前，準備前揭款項之現金或臺支本票（受款人：臺灣臺北地方法院），或匯款至本所×××帳號（匯款後請通知本所），俾便進行起訴事宜。

三. 起訴及繳費後，本所將傳真收據供　貴公司存查。至收據正本，建議由本所留存，除避免遺失外，並作為判決確定後，計算及分擔訴訟費用之憑證。

四. 如有任何疑問，請與本律師聯絡。

通常可省略如何計算，前例可改寫為：

範例 *32*

一. 關於　貴公司擬起訴請求 A 公司賠償損害乙案，因本件訴訟標的金額為
新臺幣（下同）13,795,800 元，本件第一審裁判費計應預納 121,400 元
（於判決確定後依勝敗比例分擔），本所將於起訴時一併繳納。

二. 請　貴公司於 5 月 18 日上午 12 時以前，準備現金或臺支本票（受款人：
臺灣臺北地方法院），或匯款至本所×××帳號（匯款後請通知本所）。

三. 起訴及繳費後，本所將傳真收據供　貴公司存查。至收據正本，建議由本
所留存，除避免遺失外，並作為判決確定後，計算及分擔訴訟費用之憑
證。

四. 如有任何疑問，請與本律師聯絡。

四. 開庭報告

　　依律師倫理規範第 27 條規定，律師應及時告知事件進行之重要情事，
從而，開庭報告為實務上非常常見的報告，尤其當事人為公司或行政機關
時，即使承辦人員陪同到庭，有時仍要求正式提出開庭報告。

　　開庭報告是以事實為中心，通常可分為三部分：

　1.說明開庭的人、事、時、地、物；

　2.依時間順序，簡要說明開庭的經過；

　3.後續的程序（包括法院指示或當事人應配合的事項）。

　　以下為開庭報告的基本範例：

範　例	說　明
主旨：111 年 3 月 28 日開庭報告	□載明主旨以說明聯絡目的。
一. 台端與×××間請求損害賠償事件（案號：110 年訴字第×××號），臺北地方法院前於 111 年 3 月 28 日開庭審理，本所律師、被告、被告代理人均出庭。	□事（包括案由及案號） □時（開庭日期） □地（地點） □人（開庭人員） □物（重要證據或證人）
二. 本所當庭所提書狀已另函寄送，被告代理人庭呈書狀則如後。	□說明有無書狀（包括何時提出及寄送）。 □如於開庭前即已提出，則應載明提出的日期。
三. 兩造主張均如書狀所載，主要如下： 　1.本所律師主張：（略） 　2.被告律師主張：（略）	□如雙方辯論內容與書狀相同，且已將書狀及筆錄[11]寄送當事人，可以不用逐點說明。
四. 法院就雙方主張，則表示（略），並指示我方應提出（略）。	□記載法院意見及指示，告知目前訴訟進行狀況。 □如法院有公開心證（即使不利於我方），亦應告知當事人。
五. 為證明損害之範圍，我方應提出下面事證，請於 4 月 2 日前儘速提供下列單據： 　1.（略） 　2.（略）	□列舉當事人應配合事項，具體說明其內容。 □如未能確定內容，亦應說明並舉例。 □如有期限，並應明確載明期限的日期。
六. 下次庭期為 111 年 4 月 11 日下午 3 時（第 1 法庭），本所預計當庭提出補充理由㈢狀。	□詳細說明下次庭期的日期及地點（即使當事人從不到庭）。 □詳細說明提出下次書狀的日期。
七. 如有任何疑問，或需開會討論，請儘速與本律師聯絡。	□最後應載明如何處理當事人就此開庭報告的疑問。

---

[11] 目前法院筆錄雖過於簡略，但仍應寄送當事人。

範　例	說　明
	☐如有特別情事（例如出差或休假），應一併告知。

另外，亦可視實際開庭狀況加入下面數段：

範　例	說　明
本次開庭，被告律師請求訊問證人××× ，其證詞如後筆錄所載，亦即證人證稱：（略）云云，就此，本所律師表示：（略）。	☐如有證人應檢附筆錄，並簡述證詞要點。 ☐對於證人的意見，亦應載明，俾提出其他證據反駁（或補充）。
本次開庭結束後，被告律師於庭外表示欲以（略）為和解云云。就此，本律師表示將轉知　台端，並於4月1日前回覆。從而，倘　台端同意和解條件，本所將撰擬和解書稿，並儘速進行後續程序。	☐如有對造提出和解請求，應詳載於開庭報告，並請求當事人表示意見[12]。
法院於詢問雙方律師並無其他證據需要調查後，定111年4月11日下午3時於第1法庭進行辯論及結案，屆時本所將當庭提出言詞辯論意旨狀。	☐法院欲終結言詞辯論時，應通知當事人。 ☐雖然「結案」並非正式法律用語，但較「言詞辯論終結」易於瞭解。

　　由上可見，開庭報告有其固定的內容及架構，很容易製作例稿，如果再加上開庭筆記完整，即可以迅速撰擬開庭報告[13]。

　　誠然，開庭有時僅三分鐘，有時僅交換書狀，有時內容幾與前次相同，倘還要花時間寫開庭報告，實在索然無味，然而，對當事人言，法院有如

---

[12] 除非當事人為行政機關，否則，雖然要求當事人以書面方式表示意見，但通常當事人仍以電話通知，惟此時仍應留存書面為證（例如：請當事人於開庭報告簽署「同意」傳回等）。

[13] 也可以請助理將開庭的筆記整理為開庭報告。

另一世界，即使當事人到庭，法庭活動仍是陌生難懂，倘律師利用開庭報告加以解釋，自然有助於當事人瞭解及配合。

另外，開庭報告是要求當事人協助的最好時機[14]，沒有當事人的協助，即使律師再如何精明幹練，亦不可能獲得有利判決[15]。從而，使當事人充分瞭解訴訟的進行狀況及可能發展，當事人才能協助律師。

從另一角度看，預測訴訟結果，不論勝、敗，對於律師而言，都是十分困難且不適宜的[16]，然而，清楚完整的開庭報告，以訴訟進行的事實為基礎，或可免去部分被要求預測或暗示的麻煩。

至於以筆錄代替開庭報告，固然較為簡便，但目前法院筆錄過於簡略，即使詳盡，當事人亦無法從筆錄瞭解其重點，故筆錄僅可取代開庭報告部分內容，律師仍應利用開庭報告向當事人說明訴訟進行之重要情事。例如，目前仲裁筆錄雖逐字記載，無庸於開庭報告中說明人、時等基本資料及經過，惟就仲裁人指示事項，乃至後續可能狀況等要點，仍應以開庭報告向當事人說明。

五. 通知重要期間或期日

上訴晚了一天，就是晚了一天；忘了生日，就是忘了生日。再如何厲

---

[14] 雖然在第一次開庭前，即應與當事人詳細討論事實與證據，但事實上，不僅當事人（或其承辦人）常無法即時配合，任何律師都無法完全預測訴訟的狀況及發展。

[15] 常見的情況為，律師先入為主，以為掌握全部事實，但事實上當事人雞同鴨講、有口難言，如果再欠缺聯絡，即可能造成訴訟延滯，甚至影響成敗。

[16] 參見律師倫理規範第 28 條：「律師對於受任事件，應將法律意見坦誠告知委任人，不得故意曲解法令或為欺罔之告知，致誤導委任人為不正確之期待或判斷」，第 29 條：「律師就受任事件，不得擔保將獲有利之結果。」

害的律師，也無法改變時間。

「時間」是最難補救的錯誤，如果允許，所有的期間和期日都應該以書面通知當事人，相互提醒。

所謂書面通知，並非一定要以正式函文，例如開庭期日，可將法院通知轉知當事人即可[17]。亦非要特別另為通知，在開庭報告中附帶說明亦可，例如言詞辯論期日、證人到庭期日等。

重要期間或期日當然屬於律師倫理規範第 27 條所規定之「重要情事」，關於訴訟期間，雖然有不變期間、裁定期間及訓示期間等的區別，更有各種的期日，但就律師實務而言，其重要性幾乎是相同的。

應向當事人以書面通知的期間或期日，有下面幾種情形：

類　別	內　容
不變期間	上訴期間 抗告期間 再議期間
裁定期間	裁判費用 其他訴訟要件的裁定
訓示期間	提出證據 陳報證人住所
重要期日	第一次開庭期日 證人到庭期日 當事人應到庭期日（例如法院命令、對質、履勘） 言詞辯論期日（或言詞辯論終結日） 續行訴訟期日 和解期日
其他	因和解、撤回而返還裁判費期間

---

[17] 在轉知法院期日時（尤其刑事或家事案件），應注意當事人的隱私。

前面範例已提到如何通知上訴期限，以下為通知補繳裁判費的範例：

範　例	說　明
主旨：補繳裁判費	□載明主旨以便瞭解通知目的。
一. 台端與×××間請求返還土地事件（案號：111 年上字第×××號），臺灣高等法院於 111 年 1 月 19 日裁定命　台端於五日內補繳裁判費伍萬元整（附件），逾期即駁回上訴。	□緣由。 □內容。 □不遵守的效果。
二. 台端應於 1 月 24 日前繳納裁判費，可依下列方式辦理： 　1.以現金或臺支本票（受款人：臺灣高等法院）自行繳納。 　2.由本所代為繳納，惟請於 1 月 23 日上午 12 時以前匯款至×××××帳號。	□詳細說明繳納方式。 □雖然須負保管責任，但代當事人繳納較為安全。 □如代當事人繳納，應留作業及餘裕時間。
三. 如有任何疑問，請儘速與本律師或助理×××聯絡。	□如果有助理或會計負責，應告知聯絡的方式。

通知重要期間或期日時，應特別注意：

1. 通知的內容應儘量通俗易懂，以清楚說明為原則，法律規定無庸著墨太多。

2. 有期限者，並明確說明期限的特定日期，不應由當事人自行計算。

3. 如有當事人應配合的事項，或由律師代為處理的事項（例如繳納費用、調查證人住所），其期限應提前，以便於作業。

4. 不論是否需要作業時間，都應預留相當的餘裕期間，以避免遭遇不可預見的意外情事。

5.如有失權效果者，應說明其效果。

6.如果當事人曾經遲誤期間或期日者，在日期部分，應變換字體強調。

7.雖已書面通知期間或期日，仍應電話通知當事人。

就所有期間及期日，當事人和律師間，應相互提醒。與當事人第一次開會討論時[18]，律師應告知當事人，如有收受任何關於本案的文書或通知，應儘速通知律師（電話或簡訊），即使律師已遞委任狀或為送達代收人，亦仍應副知律師任何文書或通知，以求周全。蓋：即使目前法院及仲裁協會的送達作業雖已相當完備，惟仍不免有僅送達當事人的情形[19]，如律師及當事人間未能相互通知，很可能會發生遲誤期日或期間的問題。

六. 訴訟結果報告

當事人因急於知悉訴訟結果，故律師通常多以電話方式告知，惟以書面方式報告訴訟結果，在實務上仍屬常見，尤其判決主文過於複雜時，即有以書面方式報告訴訟結果的必要。

如果判決主文並不複雜（例如：「原告之訴駁回」、「被告無罪」），而不需要另為解釋時，最方便及最妥當的作法，是將主文公告以附件送予當事人，以下為範例：

範　例	說　明
主旨：判決主文	□載明主旨以便瞭解目的。
一. 貴公司與×××間請求工程款事件	□其他得知判決結果的來源，例如「經

[18] 除法院訴訟外，另於仲裁、訴願、公共工程爭議等程序，亦應提醒當事人。

[19] 依筆者經驗，其原因千奇百怪，無法竟書。

範　例	說　明
（案號：111 年重上字第×××號），臺灣高等法院已於 111 年 3 月 28 日駁回　貴公司上訴，謹檢附判決主文公告如附，請卓參。	與承辦書記官聯繫」、「經本所助理到庭聆判」。
二、目前尚未收受判決書，故尚無法得知詳細判決理由為何，當於接獲判決書正本後，即向　貴公司報告，以為續辦。	□說明尚未收到判決書[20]。 □說明收到判決書後將如何處理。
三、如有任何疑問，或需開會討論，請不吝賜知。	

　　如果判決主文複雜，即應於報告中加以解釋（尤其在上訴審，無法依判決主文得知勝敗的情形）。另外，如有應儘速辦理的事項，即應加以說明，請參考下面範例：

範　例	說　明
主旨：判決主文	□載明主旨以便瞭解目的。
一、貴公司與 A 公司及 B 公司間請求工程款事件（案號：111 年重訴字第×××號），臺北地方法院已於 111 年 3 月 28 日判決，謹檢附判決主文公告如附，請卓參。	□仍應檢附判決主文公告，或說明從何得知判決結果。
二、依判決主文所示，法院命被告 A 公司應給付新臺幣 120 萬元及利息，應係駁回　貴公司關於外勞費用及其他對於 B 公司的請求。至確切理	□如判決主文複雜，應加以說明。 □說明尚未收到判決書。

---

[20] 很多當事人並不知悉，宣示主文時，通常尚未收到判決書。

範　例	說　明
由為何　，本所當於接獲判決書正本後，即向　貴公司報告。	
三. 另依主文第三項所示，　貴公司得以40 萬元現金或台北富邦銀行敦化分行發行可轉讓定期存單供擔保，對 A 公司財產為假執行，是倘　貴公司決定進行假執行，請即準備定期存單。	□假執行應儘速辦理，故應於報告中加以說明，俾當事人得預為考量及準備。
四. 如有任何疑問，或需開會討論，請不吝賜知。	

為訴訟結果的報告，應注意下列原則：

1. 應說明如何得知訴訟結果。

2. 主文複雜時，應加以說明。

3. 注意有無例如假執行等應儘速辦理的事項。

4. 主文公告時，通常無法得知判決理由，應待收到判決書後再向當事人為報告。

17 結語：一些建議

　　大部分人都是當了律師之後，才開始學如何當律師的。大部分人也都是當了律師之後，才開始學如何寫律師文書的。

　　本書雖然介紹了一些關於律師文書的基本原則、架構，希望讓新進律師減少摸索時間，儘快掌握要領。但寫作（或律師工作）仍須仰賴自我的訓練與對自我的要求，沒有捷徑，只能用心。

　　律師生活充滿挑戰，多加注意、多加思考，在勝敗之外，得失之間，「通常」也會有些成就感，或至少心安理得。

　　最後提供一些關於自我訓練的建議：

一. 多看法院裁判

　　對新進律師而言，法院的裁判是不錯的學習範本，除了可以熟悉三段論法外，亦可熟悉、仿效法院的用語。

　　但請注意，法院裁判的讀者，與律師文書的讀者不同。法院是裁判者，法院的裁判是告知結果，著重於理由完備，不用說服，最主要的讀者甚至是上級法院，而非律師或當事人，不用擔心律師或當事人不耐。

　　而律師文書有不同的目的與讀者，要注意、要思考的事項更多。架構是否完整？用語是否妥適？段落是否分明？等都必須考量，不能只模仿裁判書。

二. 以敵為師

仔細分析對造律師的書狀，找出破綻，不僅有成就感，且因雙方所描述的、所爭執的，為同一事件、同一事實、同一法律（僅立場相反、目的對立），對造律師的書狀是非常好的自我訓練教材，字字研讀、細細拆解，印象將更為深刻，有助於精進自己的寫作技巧。

從對造書狀中，可以清楚看到律師如何思考策略，如何安排架構，如何規劃版面，如何取捨文字，如何回應質疑。

如果對造的書狀焦點渙散、無的無據，甚至冗詞廢言充斥、謾罵情緒不絕，亦可作為警惕。

而從對造書狀中，亦可反躬自省，思考自己先前書狀是否不足？是否過於龐雜？是否失策？是否過於躁進？不要再犯同樣的錯誤。

三. 珍惜被修改的草稿

指導律師、前輩一字一句修改的草稿，務必、務必、務必好好珍惜！大部分功夫都在這個時候學的。

就算滿目瘡痍，即使只剩「為起訴事」四個字，仍要一字一句看、一字一句想，為何被改？被刪？為何這裡換行？為何這一段要提前？還能不能更好？

絕對、絕對、絕對不要看都不看就丟給秘書或助理修改！除了面子問題外，自己一字一句修改，印象才會深刻，不會一再犯同樣的錯誤。

如果指導律師、前輩是直接在電腦上修改，有標示修訂時，不要直接

按「全部接受」，除了仍須校稿外，一字一句修訂，印象才深刻；如果沒有標示修訂，也要對照自己的原稿。

修改完，印出來再看一次，再修一次。

四. 魔鬼藏在複製中

複製、貼上雖然很好用，但惰性也隨之而生，魔鬼藏在其中。

太常剪貼先前的文書、書狀，甚至複製、貼上後完全不修改，不事思考，每天如果都在剪貼拼湊、排列組合，敷衍應付（不論直接或間接故意），長久以往，想要進步也難。

不論從其他檔案複製，或由先前的書狀複製，都要潤飾調整（更要仔細校稿），不能照單全貼。

五. 慎用例稿

例稿是為了節省「作業」的時間，不是為了節省「思考」的時間。

為了節省作業時間，律師固然需要例稿，但例稿不能取代思考，更不能不論事實、不查法條，直接套用例稿。

不論事實、不查法條就套用例稿，原地踏步還算小事，沒有例稿寫不出幾個字也就罷了，套用錯誤的事實與法律，更將是執業的重大危險。

律師的價值，不是在套用例稿，如果套套例稿、抄抄判決就可執業，就想行走江湖，不需要律師考試，不需要實習磨練。

例稿就像抗生素，有必要，很有效，但請慎用。

六. 列印出來修改校訂

不記得從哪裡聽來的，美國曾經統計過每增加一位律師，每年要多砍十棵大樹，調侃了律師，無奈的是還真的無法否認。

但在訓練寫作能力的過程中，恐怕要對不起樹木一下。因為在紙本上校對，會更容易發現錯誤，而在螢幕上就是看不到 typo、選字錯誤、漏字⋯⋯，在螢幕上就容易只注意本文，狀頭是「李四」，狀尾是「王五」，民刑不分，法院亂填 ⋯⋯。

且在紙本上修改，更可以「讀者」的角度來檢驗，看看文字或段落是否過於冗長，如果連自己都沒耐心，都覺得吃力，都覺得雜亂，難道不需要修改？

不少新進律師只在交稿時才列印，甚至看都不看（自負？懶散？沒時間？還是自己都不敢看？）就交稿，不僅錯失精進自己寫作能力的機會，也會因容易出錯（而且一錯再錯），而被認為工作態度不佳。

真正的環保，是要對得起你消耗的資源。不用心學習，被人一改再改，出錯又要補救，被冤枉砍掉的樹只會更多。

七. 用心才能日積月累

相較於辯論，需一往一來、立即反應，有些人的天分令人欽羨；寫作的技巧與能力，是較容易訓練的，是較容易進步的。只要願意更多的時間修、磨、刪、飾，假以時日，一定看得到成果。

有個實際成功案例可供參考，曾看過有位新進律師在一個小筆記本，

隨時記下值得學習、參考的字句、句型，經過數個月的翻閱、引用，寫作功力即大幅提升，用心自會有所得。

本書已提供一些範本、例句，你願意準備一個筆記本抄寫一遍（或用 Word 打一遍），增加自己的記憶嗎？

當律師的前幾年，不管什麼文書，即使是和客戶間的簡單聯絡 E-mail（甚至簡訊），都不馬虎。遇到第三審上訴狀，更要竭盡心力，一想再想、一修再修。日積月累下，自然會得心應手。

不少資深律師可以出口成章，dictate 秘書後就可發文，是因為前幾年蹲足了馬步、下足了苦功。

很多律師雖然已經非常資深，但為了維持手感，還是常常親自寫書狀，也是基於對自我的要求。

反之，如抱持著堪用、不被罵的心態，寫狀子就只是在剪貼拼湊，就只是在排列組合，被修改也是直接交給秘書，不思考為何被修改，即使執業再久也不會進步。

請動筆吧！！

關於小律師[*]

我可能不會僱你vs.小資律師向前衝

律師考試放榜後,該覺悟當小律師,或認命當童養媳了:

1 期限

・老闆交代事情時,務必問清楚期限。

・期限永遠會提前,永遠不要拖期限。

・老闆在期限前沒問進度,是沒時間問你,並非事情不重要,更不要以為就可以拖。

・草稿的期限是指「不需要大改的草稿」的期限,沒把握,請在期限前幾天交卷。

・確實無法於期限完成時,就算被 K 也要趕快告知老闆,讓他有時間應變。

---

* 本文原發表於臺北律師公會會刊《在野法潮》第 12 期,也因此開始了小律師專欄,後續有些文章也是基於本文繼續開展,因此本章有些文字或想法會雷同或重複。另外,專欄是分別寫作,本來也想輕鬆寫些關於小律師工作、生活的文章,文風、體例、標題自然也不相同,也請見諒。

❷ 與客戶開會

- 找你與客戶開會是要你作紀錄、瞭解案情,在老闆說你可以發言前,記得「囝仔人有耳無嘴」,不要高談闊論。
- 即使老闆自己有筆記,你仍要筆記。
- 老闆說「我們會準備」的意思就是「你」要準備;老闆沒說「我們會準備」,也還是「你」要準備。
- 記錄(及記得)每次開會的待辦事項,你及客戶的都要記錄(及記得),客戶的待辦事項,不用多想,就是你負責追蹤。
- 開會前要檢查上一次會議的待辦事項是否已完成。
- 開會後與老闆確認「我們」待辦事項的內容、期限。

❸ 開庭

- 開庭不是帶你放風。和開會一樣,開庭時即使老闆自己有筆記,你仍要筆記。
- 調查局、偵查庭筆記要完整,打字後給老闆。
- 等庭時,即使不用上庭發言,也要看卷,先進法庭看看別的律師如何開庭也很好。

❹ 寫狀

- 老闆交代書狀要三個重點,要多寫(多想)一些,寫六點被刪成三點,代表你認真、願意思考。交代要寫三點,只寫三點,最後全部被大改,沒有一點滿意,會被認為你只想敷衍應付。
- 老闆改的書狀(即使最後只剩下「為起訴事」四個字),要好好看、

好好想，為何被改？被刪？還能不能更好？大部分功夫都在這個時候學的。

- 如果手寫修改，就算滿目瘡痍，不要就交給秘書修改，自己用電腦改，印象才會深刻。
- 如果用電腦修改，且有標示修訂時，不要看都不看就直接按「全部接受」，更不要直接就完成書狀送出，你還是要負責再校稿一次。
- 學會操作印表機、影印機、投影機，沒有秘書及助理時，自己也可以完成一份書狀，將來還可說嘴「吾少也賤，故多能鄙事」。

5 校稿

- 仔細校稿，一堆錯字、漏字，一、二次代表粗心，第三次就代表不能信賴，就算不被 K，日後重大案子就不敢找你。
- 不要只在電腦上看，印出來，從第一個字看到最後一個字，尤其不能光看內文，狀頭是「李四」，狀尾是「王五」，民刑不分，法院亂填。
- 注意有無前次被修正、指正的錯誤，一錯不能再錯。
- 不要期待老闆會代為校對文字及事實。

6 研究分析

- 多找實務見解（歷審裁判），少掉書袋。
- 找老闆討論法律問題前，先研究透徹，想清楚要問什麼問題。
- 記清楚事實、時序、證物內容。
- 老闆可能並不清楚事實及緣由，如對其意見有疑義時，應提出討論。你不是打字機，要獨立思考。

7 其他

- 不要只想靠小聰明行走江湖。

- 進法院前才慌慌張張找卷看哪一個法庭，雖然不至於被海 K，但記得哪一個法庭，記得客戶地址（及樓層），多注意一些小細節，會讓老闆覺得你準備充分。

- 開會、開庭前想清楚這次會議、這次開庭的目的，老闆時常會抽考。

- 開會、開庭時，越快找到老闆要用的書狀、證物、檔案，越讓老闆覺得你認真、用心。

- 律師常要處理奇奇怪怪的事，老闆交代雜七雜八的事（整卷、送書狀、叫飲料、安排會議時間），別覺得大材小用，老闆看你可以從容處理雜事後，才敢把重要的事交給你。

- 小律師的「客戶」就是你的老闆，搞定他們，以後才能搞定客戶。

- 就算成為廉價勞工，勞力越被壓榨，腦袋越要學到東西。

- **尊重所有與你合作的人。律師是「職業」，不是「階級」。**

一定有人會問，這是理律對實習律師的要求嗎？

嗯……這些要求還算簡單吧？

如有雷同，可屬巧合。

別當老是挑戰老闆理智線的小律師

　　當你們以後變成老闆時，你們就會覺得以前老闆脾氣真好，尤其當改書狀時。

　　當你們以後變成老闆時，你們就會知道，原來要改小律師的書狀，不只要心平氣和，有時還需要勇氣、勇氣、勇氣（因為很需要，所以說三遍）。

　　別挑戰老闆理智線，尤其在開庭前一晚：

1.會用簡稱，讓文章精簡，很好，但書狀（尤其很短的陳報狀）開頭寫了（以下稱「本事故」），之後全文沒出現「本事故」，何必定義簡稱？同樣，全篇書狀就一個日期或金額，還要寫民國（下同）、新臺幣（下同）嗎？

2.同一份書狀，定義或簡稱要一致，請不要出現「本件事故」、「本事故」、「本案事故」，或「公平會」、「行政院公平交易委員會」、「行政院公平會」。

3.雖然一直說要印出來校稿，很多人還是在螢幕上看完就 E-mail 給老闆，但螢幕上真的看不出來「台灣臺北地方法院」、「台灣最高法院」哪裡有問題嗎？

4.只有我覺得刑事書狀，不應用「系爭」乙詞嗎？何時用「系爭」、「本件」、「本案」、「兩造」，學校是沒教，但多看幾次判決，應該可以歸納出來吧？

5.「按」接法令，「查」接事實，雖然不是絕對，應該是習慣吧？

6.如果草稿就要編證號，請不要跳號（其實草稿上可先用證 X 號，定稿時

再編號）。以為自己看漏，找來找去的感覺真的很不好。

7. 上訴用以前的書狀，要改原告為上訴人時，是可以用「取代」功能，但請好好檢查，別忘了律師的莫非定律，不檢查就一定會出錯。

8. 用同案書狀另存新檔，狀首、狀尾稱謂很容易不一致，沒改到，還可以理解。但用另案書狀另存新檔，沒有想到要改狀尾當事人名字，狀首陳水扁，狀尾卻是馬英九，也太混了吧？

9. 我的名字很容易選錯字，我也習慣了，寫錯老闆名字，也不是什麼大事，不舒服而已，但寫錯客戶的名字（老闆通常不會注意校對名字），會讓客戶覺得不專業、不認真。

10. 注音選字，很容易出錯，「在」、「再」這些細節，每個人都難免會出錯，但老是出錯，會被認為無法信賴。

11. 學一下段落設定吧，書狀每個段落的凸排、縮排都不一樣（因為用滑鼠拉），看的人痛苦，你用滑鼠要一直盯著螢幕也很痛苦吧？

12. 通常小律師不會有老花，怎麼會字體大大小小？行距長長短短？螢幕上就應該看得出來 14pt、15pt 不一樣、單行與 1.5 行不一樣吧？

13. 身分證寫成身「份」證是常見的錯誤，會被笑，是應該的。如果連偵查、檢察寫錯，聲請、申請亂用，被酸程度不好，也是應該的。

14. 標題一底下接 1.、2.、3.，標題二底下接(1)、(2)、(3)，還蠻常見的，尤其在辯論意旨狀時。

15. 標題一底下如果沒有 2.，卻還寫 1.，表示你不但沒有印出來校稿，甚至連在螢幕上再看一次都沒有就送出給老闆看。

16. 小律師迷思之一，不少人認為如果寫太少，老闆會覺得不認真，但硬充篇幅的文字、小結（或結論）、判決，很容易看出來，反而會被認為不認真。

17. 「本件系爭房地」、「本件兩造系爭房地」、「本件兩造所爭執之系爭房地」、「本件相關兩造所爭執之系爭房地」，還可以再長一點嗎？「本件兩造所爭執之位於臺北市松山區敦化北路 201 號 9 樓系爭房地」如何？還要再長一點嗎？

18. 「本件之系爭房地」、「本件之兩造系爭之房地」、「本件之兩造所爭執之系爭房地」……節制一下「之」吧！！

19. 政府機關的文號通常又臭又長，可以特定就好，不要想增加篇幅，每次都寫「中華民國 105 年 5 月 20 日行政院退除役官兵輔導委員會 105 退輔字第 10520775200032 號函文」，只會讓法官眼睛花，一點好處都沒有。

20. 使用表格就是想讓人看清楚，不設定「跨頁標題重複」，使用表格就沒意義了。

21. 我承認我有強迫症，我很討厭最後一頁只有一、兩行，甚至只有幾個字的文件（尤其證物表）。稍微精簡一下文字、調整行距或邊界，就不會莫名奇妙增加一頁，有很困難嗎？

　　奇怪了，為什麼可以寫這麼多項？看來我是很機車的老闆，雖然很機車，但還是要說，小律師擬稿的原則就是：老闆有不校稿的權利，小律師有校稿的義務。

與Word當好朋友

大律師是用「秘書輸入法」，不用學 Word，小律師是要與 Word 相處很長一段時間的……。

① 善用快速鍵當個有效率的打字員

案件急的時候，老闆站在你後面的時候（有時老闆還會用手指戳螢幕），是沒時間、沒心情用滑鼠好好控制游標的。善用像 Ctrl + C（複製文字）、Ctrl + X（剪下文字）、Ctrl + V（貼上文字）、Ctrl + Z（還原）、Ctrl + Y（取消復原）……這些快速鍵，有助於工作效率。

有人認為背快速鍵太麻煩，又不是專業打字員，但律師（尤其小律師）和打字員有差別嗎？試試看背幾個快速鍵，你會發現比用滑鼠快許多。

熟悉快速鍵，也可以避免錯誤，例如寫給女朋友的情書，本來要用滑鼠按「存檔」，結果眼花按成「列印」，那就非常、非常不好玩了。

② 隨時按 Ctrl + S 存檔

養成習慣，翻卷宗，按 Ctrl + S。電話響，按 Ctrl + S。老闆找你，按 Ctrl + S。想下一句，按 Ctrl + S。偷瞄正妹或帥哥，按 Ctrl + S。簡單來說，眼睛只要離開螢幕、雙手只要離開鍵盤，就按 Ctrl + S。

不要以為不會發生沒有存檔的慘事，「莫非定律」最喜歡找律師麻煩，尤其小律師，尤其深夜趕狀的小律師麻煩。

3 學會複製格式

　　書狀通常篇幅不短、格式複雜，一段文字設定好後，如果要其他段落也相同時，可沒時間用滑鼠一段一段調整、對齊，除了功能表上的「小毛刷」外，最好用快速鍵 Ctrl + Shift + C（複製文字的格式）、Ctrl + Shift + V（貼上文字的格式）。

　　舉個例子好了，假設第三段以下這些大小不一、段落凌亂的文字，想要與第一段、第二段相同格式：

第一步：在 1.或 2.任一文字上按快速鍵 Ctrl+Shift+C。

↓

第二步：標示想要複製格式的所有段落。

↓

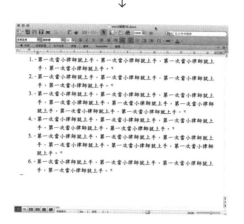

第三步：按快速鍵 Ctrl + Shift + V。

所有段落的文字大小、字體、對齊方式都和第一段、第二段相同了，因為有設定自動編號，連編號都自動接續了。

④ 學會「編號」功能

法律文書一定需要編號，Word 編號功能雖然不完美，但總比沒有好（每次開庭看書記官調整編號，都覺得可憐），花點時間，學會「編號」（再加上前面說的複製編號格式），會省很多時間。

⑤ 選擇性貼上很好用

Ctrl + V（貼上文字）雖然省了打字時間，但常要重新調整格式，有時調來調去，打字還比較快，學會用 Ctrl + Alt + V（選擇性貼上），再選取「未設定格式文字」，馬上省去很多時間。

⑥ 記得設定「跨頁標題重複」

不少時候需要製作表格（例如證據能力意見），表格如果沒設定「跨頁

標題重複」，看幾頁就會覺得煩。

⑦ 魔鬼藏在「複製」中

Ctrl + V（貼上文字）雖然很好用，但也最容易出錯，別只顧著貼，要看清楚，有沒有選錯字，有沒有要改的文字。

貼上的文字更要好好校稿，由以前書狀剪來的文字仍要校稿。

⑧ 弄清楚「段落」的每個設定

格式化中的「段落」有許多設定，善用「縮排」、「凸排」、「左右對齊」、「第一行」等功能，讓你的文件更整齊、美觀，也會省去不少滑鼠拉來拉去的時間。

⑨ 打開 E-mail 附件的第一個動作是「另存新檔」

現在都用 E-mail 聯絡，打開 E-mail 附件的第一個動作，不是看內容，不是悶著頭打字，請立刻「另存新檔」，存到硬碟中，否則 E-mail 一關，剛才的心血就不知道跑到哪裡去了。

⑩ 傳送 E-mail 前，再打開附件檔案確認

好不容易完成工作，結果附錯檔案，可就冤枉了，插入檔案後，記得再打開附件檔案確認。

眾裡尋他千百度の電子檔案命名篇

當老闆說「給我上次你寫的答辯狀電子檔」時，除了不能跟老闆說「我不是昨天就 E-mail 給你了嗎？」外，最好不要花十五分鐘以上，你最好不要找不到……。

小律師隨時會被老闆、被當事人要檔案，不能搞混檔案、搞亂檔案，管理好、命名好檔案，很快找到以前文稿「剪貼」，更可節省不少時間。

❶ 「收文」、「發文」資料夾？

不少人習慣設「收文」、「發文」的子資料夾，但我個人不用如此分類（可能比較適合非訟律師），因我大部分在法院討生活，訴訟是三角關係，還有與當事人間聯繫，上法庭時也沒時間開不同資料夾、在不同資料夾間找來找去，所以我並沒設「收文」、「發文」子資料夾，而是利用命名來整理、排序，以檔名標示是何方的文書：C1 代表第一審法院，A 代表原告（也可用 P 代表檢察官），D 代表被告……。

案件上訴後，最好仍以第一審地位為準，否則案件一久，更來更去，還要想這一審誰是上訴人、誰是被上訴人，反而浪費時間。

太多子資料夾不見得能分門別類，我不喜歡設太多子資料夾（通常只設「草稿」及「資料」），因為我常常忘了檔案存在哪，例如內部會議備忘錄，可能存在「內部文件」，也可能存在「草稿」，有時會在「發文」……，太多資料夾反而容易搞混。

2 用英文代表不同文書

　　中文檔名雖然清楚，但檔名會較長，用英文代表不同文書較為簡潔，例如 A 代表原告書狀、A001 代表原告第一份書狀（不會 1000 以上吧？）、L001 代表第一份函（或律師函）、R 代表筆錄、E 代表電子郵件、M 代表備忘錄。

　　有時「內容」比狀名重要，光「陳報」、「答辯」、「準備」、「上訴理由」看不出內容，倒不如用中文寫明文件的重要內容（兩者都寫也可），例如「C1–20230203–D002–證據能力」、「C1–20230214–D003–準1–傳訊證人」、「C1–20230214–R003–確認爭點」。

3 日期在前或在後均可以

　　檔案通常是按「檔案名稱」排列，大部分的人會在檔名中標明日期（不要民國、西元夾雜），藉此排序檔案。但日期在前或在後，視個人習慣而定：

　　「日期 + A001」：電腦會先依日期排序，可看出眾多檔案（文書）的時間先後次序。例如：

　　　　　　C1–20230109–A001–**起訴書**

　　　　　　C1–20230112–D001–**要旨**

　　　　　　C1–20230112–R001–**準備 1 筆錄**

　　　　　　C1–20230203–D002–**證據能力**

　　　　　　C1–20230214–A002–**補充理由**

　　　　　　C1–20230228–D003–**傳訊證人**

　　　　　　C1–20230112–R002–**準備 2 筆錄**

C1–20230307–D004–**陳報地址**

{

「A001＋日期」：電腦會先依文書類別排序，資料夾會依不同文書分成不同區塊，我是用此方式。例如：

C1–A001–20230109–**起訴書**

C1–A002–20230214–**補充理由**

{

C1–D001–20230112–**要旨**

C1–D002–20230203–**證據能力**

C1–D003–20230228–**傳訊證人**

C1–D004–20230307–**陳報地址**

{

C1–R001–20230112–**準備 1**

C1–R002–20230112–**準備 2**

{

4 版次或「草稿」

很多時候一個文件會經過數次的往返修改，不少人會在檔名最後加上 "V" 註記版次，加 "Fin" 代表最後版次。

但次數一多，主要的資料夾中就有一堆不同版次的檔案，加上有些半成品、作廢的檔案，主要的資料夾會顯得雜亂，影響日後尋找檔案的效率。

我會設一個「草稿」資料夾，在完稿以前都存在此資料夾中（還是要註記版次），讓主要檔案夾清爽、整齊，將來找檔案也快一些。

⑤ 聯繫用 E-mail 用同一檔案

不少人先用 Word 寫 E-mail，但一封 E-mail 就一個檔案，案件進行一段時間後，資料夾一打開都是 email20230103、email20230104、email20230104-1、email20230104-2、email20230105⋯⋯不但看得眼花撩亂，日後要找個東西，就要開、關一堆檔案。

如果只是單純聯繫（檢送書狀草稿、安排開會時間、催帳），用同一檔案繼續寫即可（記得寫上日期），日後檢索會比較快，要找先前 E-mail 來剪貼時，也不用花時間開一堆檔案。

至於特別代理權事項、和解（權限、確認）、重要期間通知、業務上所持有的金錢及提醒（警告）⋯⋯等宜以書面聯繫之重要事項，再獨立開新的檔案。

⑥ 改別人的檔名？

每個人有每個人的命名習慣，當你收到別人的電子檔案時，如不改檔名，會影響自己的檔案管理，改了回傳，又可能影響別人的檔案管理。

此時可設「資料」檔案夾，先用原檔名存入寄來的檔案，再依你個人命名規則另存新檔。

用原檔名存入檔案，是為了避免日後聯繫麻煩，因為日後對方是用他自己的原檔名來與你討論、來跟你要檔案（尤其老闆），幾個月後，你可能忘記或搞混了。

如果有修正要回傳時，稍微想一下對方的習慣與「個性」，決定回傳哪一個檔案（或許有人會覺得幹嘛想這麼多？但律師就是要多想，小律師更要多想⋯⋯）。

❼ 內部檔案

像時序表、客戶聯繫⋯⋯這些重要、常用，而且沒有審級區別的檔案，我通常會在檔名最前面加上 000、001⋯⋯等數字，這樣電腦按檔案名稱排列時，就可快速找到你要的檔案。也就是：

000–時序表

001–客戶聯繫

002–內部會議

⟨

C1–A001–20230109–起訴書

C1–A002–20230214–補充理由

⟨

C1–D001–20230112–要旨

C1–D002–20230203–證據能力

⟨

C1–R001–20230112–準備 1

C1–R002–20230112–準備 2

最後，如果老闆或事務所有自己的命名規則（例如檔名要加上當事人編號），當然要依老闆或事務所的規則，請絕對、絕對、絕對不能跟老闆說「吳律師是這樣命名的⋯⋯」。

小律師TGIF(Thank God It's Friday)之前

Thank God It's Friday!!!

所有上班族都一樣，沒有人不期待星期五的到來，但好不容易放假了，深夜爬起來看行事曆，確定上訴沒有逾期才能安心睡覺，當然不好過。在吃喝玩樂時，在放空昏睡時，心中掛著事，也一定不痛快。

星期五下班前先檢查一下吧！

❶ 這星期收到的判決、裁定

- 不變期間記好了嗎？
- 通知客戶了嗎？
- 準備好上訴委任狀了嗎？

❷ 這星期的 E-mail（現在還包括 LINE）

- 有什麼事漏了嗎？
- 有什麼進修課程可以參加？公會有什麼通知？（平常事情一多，此類 E-mail 看過就忘了，會錯過不少有意思的進修課程及公會資訊。）

❸ 這星期開的庭

- 下載（或閱卷）筆錄了嗎？存卷了嗎？寄給當事人了嗎？
- 對造庭呈書狀存卷了嗎？寄給當事人了嗎？
- 開庭筆記、開庭報告完成了嗎？

④ 這星期開的會

- 有哪些待辦事項？該追蹤的？
- 安排好處理待辦事項的時間了嗎？（別忘了，老闆說我們會處理，指的是「你」會處理。）

⑤ 下星期的庭期

- 再看一次開庭通知的備註欄吧！（通常越討厭的案子，你越不會好好看開庭通知。）
- 你、老闆（及老闆秘書）都記好開庭時間、法庭了嗎？
- 當天法官排幾件，第幾件開庭。（是知道能否暢所欲言，不是表示你可以晚到，別忘了律師的莫非定律，遲到的庭一定準時開！）

⑥ 下星期的工作

- 老闆的期限 (Deadline)，請直譯為「死線」，不要挑戰老闆的死線。
- 如果工作排滿，為了避免突發狀況，要不要認命加班？
- 如果工作太多，寫一下待辦事項吧！（不要相信你的記憶力，尤其放完假後的記憶力。）

⑦ 下星期的會議

- 你、老闆（及老闆秘書）都記好開會時間、地點了嗎？
- 再看一次開會紀錄，要準備哪些事處理好了嗎？

小律師的悲情程度、苦情指數，就看星期幾就開始期待星期五。

通常都是星期一。

什麼都不做，每個星期一就期待星期五。

小律師與知識管理

我當小律師時，當然三不五時向學長姐求教（救），這時他們會拿出筆記本、文件夾，從所謂的「寶典」翻找出解答。

這個場景，就和小叮噹（我知道現在叫「哆啦 A 夢」）從四次元口袋中拿出道具解救大雄一樣。

那時談不上資訊化，這些判決、函釋、前案書狀、甚至剪報……都是紙本，有些都已經泛黃，也只能一頁一頁翻找，雖然費時、費事、費神，但這些知識及經驗，救了我無數次，省了無數當無頭蒼蠅的時間。

那和小律師有什麼關係？

律師的價值，在於他的知識及經驗，因此，當律師的功課之一，就是想清楚他和知識及經驗的關係，越早越好。

如果你觀察你敬重的律師，你會發現，他們通常都敬業、自律，不但持續充實自己，他們都敬重知識及經驗，也深知管理知識及經驗的重要，他們都有自己的一套知識管理方式，不管叫資料庫、範本……，不管有沒有資訊化。

管理自己的知識及經驗，也才能以知識及經驗為基礎，再創造新的想法及作法，持續進步，成為我們敬重、信賴的大律師。

反之，如果辛苦獲得的知識與經驗，任由其變成模糊的記憶，得意的書狀、契約、案件，幾年後都只是印象，每個案子都重新再來，甚至連向人臭屁都說不清楚、都說不完整，不但可惜，重複浪費時間，而且很難談什麼創新吧？

那不是事務所的事嗎？

知識管理當然不是事務所的事，不是老闆的事。

道理很簡單，「你」的知識與經驗，決定你是不是個好律師，不是「事務所」的知識與經驗。

事務所有範本庫，有學長姐可以求救，很好。

沒有範本庫，沒有人可以求救，也沒那麼慘，有時反而比較好，你會更早體會律師與知識及經驗的關係，越早開始管理知識。

重視知識管理的事務所，反而最怕小律師因此飯來張口，茶來伸手，不去檢索、思考、創造新的知識與想法。

如果你的事務所或老闆重視知識管理，你要警惕自己，當腦袋不動，事務所再多的範本，知識管理系統再完善，都幫不了你成為好律師。

沒有資源的小律師談什麼知識管理？

有聽過 PE2、WordPerfect 嗎？中文和英文最常用的文書處理軟體，如果你辦日文案件，那要用ワープロ (Word processor)。

我剛當律師的時候，沒有法源，只有幾十本「大追踪」的判決彙編，查找判決，只能一頁一頁翻、一行一行看。

動動手，輸入關鍵字，就檢索出一堆判決等你看，還可複製、剪貼，在當時是無法想像的事。

在沒多少年以前，知識及經驗的累積、運用，需要很多時間、很多苦功的，而且很貴。

但現在資訊發達，法源、Google、全文檢索、雲端硬碟（例如 Dropbox、Google Drive）都已普及，不用花錢買專業的知識管理系統，自

己就可以蒐集、管理、檢索、運用知識及資料。

　　你只需要「順手」，設幾個檔案夾，就可以建立自己的資料庫、範本檔或所謂的「寶典」。

　　你也只需要「順手」，當看到有價值的一段話、一篇文章、一個判決要旨，花個幾秒鐘複製乙份到你的「寶典」，你就開始管理你的知識、累積你的經驗了。

　　現在只看你想不想開始，從「順手」開始而已。

小律師的朋友

有聽過這樣的說法嗎？法院只有兩種人，一種叫「法官」，另一種叫「不是法官」，法院所有的資源（及尊重），集中在法官，只有法官才是人。

相同的說法，律師事務所只有兩種人，一種叫「律師」，另一種叫「不是律師」。

小律師是哪一種？白馬非馬，小律師不是律師。

1 有律師資格又如何？

不服氣？當然會不服氣，考過了國家考試，千辛萬苦當了個律師，卻得不到尊重，要什麼沒什麼，老闆依賴、信賴秘書、助理、打字人員的程度，還高過小律師，是會不服氣。

秘書會幫老闆查分案、喬衝庭、排會議，助理的書狀寫的又快又好，打字人員還會幫你加上供擔保的聲明。

但小律師呢？

查分案「秘書的事」

喬衝庭「書記官好兇」

排會議「事情太多，忘了」

寫書狀「新手上路，多多包涵」

你「現在」的經驗、效率、可靠度，真的有比秘書、助理、打字人員還高嗎？

當律師，要得到尊重，要靠自己。不斷增強專業、累積經驗，就會得到尊重。

靠自己得到的尊重,更值得。

更重要的是,你一定要體認,想做好律師的工作,不只是靠一張牌、一張嘴,是許多人共同努力的結果。

想做好律師的工作,就要和所有工作的夥伴分工合作、相互尊重,律師不是「官」,想做好律師的工作,你就要妥善運用所有資源。

❷ 尊重所有與你合作的人

法官、律師、檢察官,事情總是又多又急,很難沒有情緒,很難永遠優雅,但應該注意不要將自己的情緒,發洩、波及周邊的人。

許多的工作夥伴,是體諒你的責任及壓力,讓你任性一些、方便一些。

這些體諒,不是理所當然,更不應得寸進尺,也正因為他們的體諒,我們更應隨時注意自己的言行,不能將自己的情緒,任意發洩、波及周邊的人。

我們當律師的,總不習慣看到有些法官、檢察官,把法庭當自己家,使喚書記官,像在使喚傭人。但律師有比較好嗎?讓我們捫心自問,我們真的尊重我們的工作夥伴嗎?

在工作職場中,確實有不少人,習慣糟蹋人、喜歡使喚人,但你應該別人如何,你就如何嗎?

想想吧!

當法官、檢察官的你,看著無罪被告的眼神,映著你對司法及自己的信念與尊重。

而當律師的你,看著與你合作的人的眼神,也映著你對自己的信心與期許。

律師是職業,不是階級,請尊重所有與你合作的人。

小律師與老闆的婆媳關係

　　小律師與老闆，有如婆媳關係。

　　老闆和婆婆都會說「我當年哪像你一樣好命……」。

　　學校生活就像在原生家庭，自由自在；當小律師好比嫁為人婦，婆婆常不滿意媳婦，媳婦覺得婆婆永遠不滿意。

　　明明在學校是教授的得意門生，是學弟妹的崇拜偶像，當小律師卻被老闆嫌得一文不值，自認嫁雞隨雞、任勞任怨，卻永遠被當作嬌生慣養的千金大小姐。

　　而明理的婆婆，不見得就會遇到好媳婦；惡婆婆反而會遇到像「阿信」的媳婦。

　　當然，被虐待的媳婦熬成婆後，也不一定就會成為明理的婆婆……。

　　家家有本難念的經，小律師與老闆既然如同婆媳，當然不好處理，但對小律師而言，除了認命（或離婚）外，至少要避免（或減少）誤會，當個主動面對、處理問題的小媳婦──除了緣份、運氣，要再主動與努力……。

　　不少小律師納悶，雖然當了律師，卻像打零工，老闆指示永遠片片斷斷，工作永遠零零碎碎。有時老闆對秘書、助理的信賴及態度，都比對小律師還好……。

　　小律師不時在想：「為何他不來找我？不教我？」

　　其實老闆也在想：「為何他不來找我？不問我？」

　　最常見的認知差異之一，是小律師認為客戶是老闆的，案件是老闆的，老闆沒說，哪敢繼續辦這個案子？也時常交了草稿給老闆後（或開會、開

庭後），老闆就沒再找了，大概不滿意？完全不敢問下一步要做什麼？

　　就像媳婦覺得：我家煮湯要放兩湯匙鹽，你不告訴我，我怎麼知道只能放一湯匙？你沒說我這道菜還可以，我哪敢再煮？你都說我不會煮菜了，我哪敢再煮明天的晚飯？無奈之外，也是委屈。

　　但如同婆婆認為既然嫁為人婦，結婚第二天就要持家、適應柴米油鹽的生活一樣。不少老闆認為你已是律師，上班後就應該像個律師（即使你前幾天還穿著牛仔褲在校園發呆），或是不該再把你當作學生。

　　律師又不是公務員，要你辦案子，難道要寫公文、下條子？

　　老闆通常想的是，不是找你開會了嗎？不是要你看卷了嗎？卷不是放在你桌上了嗎？為何不知道要主動些？為何不知道下一步？為何不來找我問下一步要做什麼？為何不來找我問還要做什麼？

　　婆媳的比喻，你可以當作是玩笑話，但請想想：小律師的「客戶」就是你的老闆。你的工作就是提供「老闆」法律服務。

　　如同律師不能等客戶指示，小律師也不能等老闆指示。律師不能每一步都要客戶叫，小律師不能每一步都要老闆叫。

　　況且，有時並不是老闆不願意教，律師業務通常很忙，處理的通常不是愉快的事，通常只能讓小律師「從做中學」，也不是不想早點給你指示，有時一忙、一接電話……，就忘了告訴你下一步要做什麼。也因為如此，常常等到時間來不及了才告訴你，自然也沒時間做好，一旦小律師不主動點，就會一直惡性循環……。

　　有些時候，老闆明白地怨你（或罵你）被動，還比脾氣好的老闆好些。脾氣好的老闆，雖然不會當面罵人，但覺得你不主動，「好像」沒興趣，以後就不想找你，更別說教你，你既然不能幫老闆，老闆何必留你？何必找你辦大案子？又何必加薪？

如果是這樣被埋沒，是有點冤吧？

當然，躲老闆是「正常」下意識的反射動作，所以我只能提醒你：

請「儘量」不要躲老闆、「儘量」面對老闆。

主動一些、積極一點，除非老闆說「只要幫我……」或「以後我會自己處理」，明確地指示就是打零工，否則帶你開會、帶你開庭或把一堆卷丟到你桌上要你寫狀，就是要你辦這個案子。

開會、開庭、看卷、寫狀「以後」，請儘量「時常」問老闆：「這個案子，我還要做什麼？」

即使老闆說不用，也不會更糟。

但一直不問、不敢問、不好意思問……，一定更糟。

多問幾次「我還要做什麼？」，等於幫你（最大且唯一）的客戶分憂解勞，老闆才會繼續叫你、教你，慢慢聽，慢慢學，不用多久，你就會開始問：「接下來是不是要……？」，兩個原本陌生的人，就會開始正向的互動……。

而當你會開始這樣問時，你才會開始有真正的客戶。

媳婦遲早會熬成婆的。

追老闆的小律師

直到現在，我還是會這樣想。

當法官說：「下次庭期一個月後」（哇，好棒，下星期後再來處理），「候核辦」（老天，總算可以喘息一下了）。

但時間像賊，偷偷地走，等你驚覺，通常只剩幾天就要開庭。

工作也像賊，偷偷地來，等你發現，總是有一堆事情等著你。

不論大律師、小律師，工作永遠都做不完，永遠被客戶追。

小律師更慘，除了客戶會用「直接」的語調，還會被老闆追，不同老闆追，他們總是約好在同一時間問你東西好了沒？總是約好在同一時間把卷宗放在你桌上。

小律師的時間管理，要更積極、主動些。

不想一直被老闆追，你就要提早完成工作，去追老闆。

提早完成工作，把事情丟回給老闆，移轉危險負擔，由你決定時間、工作進度，你才有時間安排其他工作，處理臨時發生的事。

很多小律師沒發現，其實你「可以」控制老闆的時間、案件的進度，事實上，也「應該」由你決定工作的進度。

提早完成工作，不是提早一、兩天，至少要提早一個「星期」，提早一星期，你才能好好分配時間，遇到突發狀況（包括臨時冒出來的案子、另一半的抱怨），還有些時間可以處理，你也還有些時間可以抱怨，讓你心情好一點。

越多事要處理時，更要提早完成，因為事情越多，變數越多。

越多老闆給你案子，更要提早完成，因為老闆越多，越有可能所有老

闆在同一天找你。

讓老闆追你，工作追你，只留一、兩天餘裕，就會惡性循環，忙完一件，又要趕下一件，每一件都做得心驚膽跳，永遠無法喘息。

星期五，不論多忙，找個時間，規劃下星期、下下星期的工作進度。也要檢查一下：

・這星期的開庭電子筆錄是否已下載（及傳給客戶）。

・下下星期的行事曆（開庭通知是否通知客戶）。

雖然不鼓勵假日加班，沒有人喜歡加班，但加個班，追上工作進度，不要一直惡性循環，「可能」讓你後面幾天好過些。

如果假日已經加班，每天也都加班到十二點，工作已經滿到喉嚨了，還是要跟老闆明講。

雖然結果可能是實習醫師 (*Grey's Anatomy*) 的這一幕——

救護車正接連過來，實習醫師 Murphy 要下班時，卻在急診室門口被主任 Dr. Hunt 堵到，主任驚訝地問：「你要下班了？」

「我好累，我已經三天沒睡，而且頭痛、牙痛……。」

Hunt 望著他，一句話都沒說。

Murphy 絕望地說：「你就是可以當作什麼都沒聽到？」

主任笑著回答：「Yes.」

他嘆了口氣，走回醫院。

拼命又要拼酒的小律師

美食是律師生活的慰藉，但應酬不是。

律師常被請客、也常請客，嘴巴也越吃越刁。對小律師而言，沒見過的奢華餐廳、美酒佳餚，一開始會有些想像、會有些期待，一次一次，又是另一個大觀園，以為已經見識過，卻總還有超過你想像的奢華。

一開始會感謝老闆、客戶帶你見世面。但……。

幾次下來，也應該要懷疑，他們是不是看上你新鮮的肝？

幾次下來，你也會發現，應酬對小律師而言，更痛苦。

這樣場景應該會很常見：五點交代工作，明天早上要，七點要陪老闆、客戶應酬，已經疲憊不堪，下了班還要跟客戶搏感情！！

更痛苦的是：

老闆明天可以晚點到，小律師不行！

老闆明天不用趕書狀，小律師不行！

老闆明天不用去開庭，小律師不行！

更慘的場景是：明天已經等著被法官電的庭，前一天還要強顏歡笑，還要拼酒，就算喝的是 Latour、Lafite、黑金龍……，連在 Facebook 打卡炫耀的興致都沒有。

總是想不通，為何還是有人樂在其中？真的有必要應酬嗎？真的對業務有幫助嗎？看人喝酒喝到吐，有那麼好玩嗎？

這些問題，其實不只小律師想問，大部分律師都想問。

不勝酒力？你要家庭生活？你個性不喜歡應酬？就是不會說場面話？很多人不敢說，深怕老闆、客戶不會諒解。

其實不用勉強，坦誠說出困難及想法。而且別忘了，你是律師，就是要處理奇奇怪怪的事。不想應酬也要想個漂亮的說法。

「應酬」如果是危機，律師就是要處理危機，處理自己的危機。

對小律師而言，有時最大的危機反而是和老闆吃飯。

老闆請吃飯，總是不自在，怕被訓話，又不想奉承，能閃則閃，能躲就躲，但，或許老闆也想多瞭解你，多提點你，或許你也可以多瞭解老闆的背景與個性，讓你更清楚知道自己想當什麼樣的律師，要如何當你想要當的律師。

不要什麼聚會都一律回絕。

同事聚餐、迎新送舊……有關「人和」的聚會，尤其是同事間的聚會，還是要儘量參加。

在職場上，尤其律師生活中，由於我們處理的事情，通常緊張、嚴肅、快速，時常忘記給個笑容，說聲謝謝，甚至說聲抱歉。同事間的聚會，能夠緩和職場中的不愉快，多多瞭解同事的背景與個性，不只有助於日後工作，也讓工作有人性一些。

而不管什麼樣的應酬，就算躲不掉，被逼著參加後也要節制，也要漂亮的閃酒、躲酒，看看別人如何淺嘗即止、進退合宜。看看別人如何談笑風生、賓主盡歡。

就算看到如何灌別人酒，也是一種學習，最近就見識到一招：

雖然說「喝酒不開車，開車不喝酒」

但你遇到應酬高手會告訴你，前一句對，後一句不對：

喝酒後當然不能開車，但別以為開車來就可以不喝酒。

喝下去！！計程車錢自己出！！

乾淨體面的小律師

不是要談衣服、公事包、手錶、鋼筆。

穿著很重要，但很多時候，在還沒見到律師本人以前，是看到律師寫的文件（書狀、律師函、電子郵件，甚至 LINE）。

這些文書是律師給人的第一印象。

如果你收到的書狀、律師函或電子郵件，完全沒排版，段落不齊、編號亂設、字體大小不一，偏偏表格都一樣寬，還有一堆莫名奇妙的全形、半形夾雜其中。在你沒見到對方本人以前，你會如何想像這個人？

是乾淨體面，還是邋遢髒亂？

當你見到本人，就算本人乾乾淨淨、整整齊齊，印象改觀了，有點好印象了，但當你下次還是收到亂七八糟，沒排版、甚至沒校對的文書。你會如何評價他的工作品質？你要如何信賴他的工作態度？

文書的版面、格式、段落，是細節，但不是枝微末節；就像合宜的穿著、舉止，也是細節，但都會影響別人對你的觀感及信任。

當然你可以說，外表不重要，內在才重要；文件美觀又如何，法律及證據等實質內容才重要；法院又不是看書狀、長相來判定勝敗，有這樣的自信是不錯，但這不是現實。書狀的外觀和內容一樣重要，讓人不想看、一看就覺得被敷衍、不被尊重的文件，內容再好也沒用。

更重要的是，文書的外表，和律師的衣著一樣。整齊的文書和合宜的穿著，是為了讓人覺得受到尊重，是對人的尊重，更是對自己及工作的尊重。

我有時收到的文書，都不禁懷疑，是不是沒有印出來看過，甚至有時

還會懷疑，寫的人是不是連自己在電腦螢幕上再看一次的尊重都沒有？（或沒有再看一次的勇氣？）

自己都不願意看、不敢看，如何要別人看？如何要讓客戶看？如何要讓法官看？

另外，文書的版面，也和穿著一樣。休閒時想怎麼穿都行，但上班時就不是自己看得高興就好。私人文件你想怎樣都行，但如果是書狀，就不能為了強調重點，而把整段字體放大、粗體，再畫個底線，再加個斜體。（像不像土豪穿著誇張的名牌衣服，還戴著幾斤重的金項鍊？）

文書和穿著，都是你給人的印象和感覺。穿著不必名貴華麗，更不用名錶、名筆，合宜適當就好；也就像穿著，並不難學，稍微留意其他律師的穿著，是讓人覺得大方、體面，還是隨便、豪奢？留意一下就可以掌握要領。

同樣的，用點心，留意其他律師的版面、格式（這點千萬不能學法院、行政機關。法院還在用文采，而且中華民國官方的美學實在⋯⋯有令人敬佩的勇氣），就可以體會什麼樣的版面、格式，會讓人願意閱讀，讓人覺得受到尊重，至少不會讓人有壞印象。

事實上，調整版面及格式，並不須耗費多少時間，甚至稍加留心，養成習慣後，日後根本無須費心調整版面或格式。

附帶一提，律師有時會用私人電子郵件（最好還是申請一個新的帳號），請記得修改你中二、文青時的帳號名稱，不然當事人收到來自「我是小貓」、「哇哈哈」、「切格瓦拉」、「無言」的電子郵件，總是很怪吧？

LINE 就比較麻煩（申請及使用兩個 LINE 帳號並不容易），LINE 主要是私人聯絡用，但客戶現在都會要用 LINE 聯絡，很難不給，還是花點時間，找個可以同時適合私人及公務的照片（或圖片）及名稱吧！

給客戶的貼圖也是如此，不是所有貼圖都適合發給客戶或為了案件設立的群組。

　　當律師好累，要注意好多事。沒錯，當律師就是這麼累！

如果你也是開學前才寫作業

我從小學一年級開始，就是開學前幾天才寫暑假作業，當了律師後，我就會痛改前非嗎？

沒辦法。

有些習性就是改不掉。

但既然當了律師，江湖險峻，有些習性就是要改，有些習性能改最好，不能改、不想改時，還是要調整，而且從小律師時就要開始調整。

第一，請開始調整你的習性。

如果你從小就是好學生、乖小孩，從小就按時寫作業，暑假每天寫日記，當了律師後，老闆一交代，就馬上動工，如期、如質、按計畫完成，當然最好。

但如果你也是開學前才寫暑假作業，就是不想馬上動工，就是沒辦法改，也請調整你的習性。

請趁著記憶清楚，還記得自己筆記的「鬼畫符」，先把判決查過、例稿找好、素材挑完，想想自己要做什麼。千萬千萬不要拿著筆記本，抄了一堆，說了一堆知道了。一離開老闆辦公室，就放在一邊，反正還早還早。

也請先自動將期限提前兩天，因為老闆交代的期限，是指「不需要大改的草稿」的期限，不是收破爛的期限，沒把握，請在期限前幾天交卷。

更要小心「看起來」很久的期限。

期限永遠會提前，越久的期限越常突然提前，而且「看起來」很久的期限，就像寫論文一樣，不知不覺就是最後一年、最後一個月、最後一個星期。

而且越久的期限，不但來得越快，搞砸了的代價也越高。

老闆給的期限只有二十四小時，只有兩、三天，拼死拼活擠出些不知所云的東西，老闆就算不滿意，你至少還有個理由回嘴（如果你敢的話）。

但給你一個星期以上的期限，還是東拼西湊，七零八落，就很難交代了。

老闆以前也是小律師，不要以為老闆看不出來你是前兩天、前一天才動工的。更不要以為老闆是隨性的人，就代表你可以隨性交作業。

第二，不要相信你的記憶力，乖乖記好工作及期限 (To Do List)。

我還是小律師時，常常只是頭伸出隔間剛好被老闆看到，都會多一件工作。就像打地鼠機的地鼠，一伸出頭就眼冒金星！！

小律師的工作來自四面八方，事務所你最菜，當然所有人都可以使喚你，什麼雜事都會找你。

此時不要相信你的記憶力，尤其工作的事情，通常不會有趣，你不會高高興興地一直記得，甚至你下意識根本就想忘掉這些不快樂的事。

不要逞強、不要勉強，老闆交代工作後，請立刻在記事本或 Outlook 上，記好所有被交代的工作及到期日。

最好習慣使用 Outlook 的「工作」功能（或 iPhone 的「提醒事項」），雖然看到一堆待辦事項時，不會有好心情，但至少不會遺漏。而且當事情一項一項「完成」時，除了悲情及血淚，多少還是會有些成就感。

請注意，要記的工作，不是只有欠哪些書狀、要研究哪些法律問題這些正事，還包括任何雜事、小事。例如：與客戶確認開會時間及地點、問書記官有沒有收到書狀？問書記官回函到了嗎？下載電子筆錄……，事情越雜、越小，越容易遺漏，越要記下來。

不要以為是雜事、小事，就代表你可以忘，可以拖。

第三，不管你如何聰明，不要跟期間開玩笑。

老闆在期限前沒問進度，是沒時間問你，並非事情不重要，不要天真地以為就可以拖。更不要天真地以為老闆是隨和、體貼的人，就代表你可以誤期。

確實無法於期限完成時，就算被 K、被海 K 也要趕快告知老闆，讓他有時間應變。

有些事是日久見人心，對小律師而言，書狀寫得不好、判決找得不夠、爭點漏了幾個，體貼的老闆，會覺得你還欠缺經驗。但誤了期限，是一翻兩瞪眼的事，就是代表不能信賴。

不論你的文筆再好、口才再好、學歷再好、名次再好，都一樣，遲誤期限，甚至忘了期限的小律師，通常沒有黃牌，就直接紅牌了。

第四，遇到不變期間，就是一個原則「垃圾不落地」。

上訴晚了一天，就是晚了一天。全世界最厲害的律師也無法改變時間，把昨天說成今天 !!!

這時沒習性、個性可說。不要想哪一天可以做，遇到不變期間，就是馬上做。

請注意，你在筆記本、桌曆、手機、iPad、Outlook 記上期限，那是「提醒」你不要遲誤不變期間，「提醒」你前幾天「再次」確認沒有遲誤不變期間，不是表示你可以過幾天才做。

遇到不變期間，就是先立刻算好、記好期限末日（在前幾天的行事曆上輸入「某案二審上訴期限 (112/9/1–112/9/21)」整日約會），然後開始準備委任書、聯絡客戶用印、擬聲明上訴（抗告）狀……，就是「垃圾不落地」，就是用最快的速度、最短的時間完成。

當律師，尤其訴訟律師，多多少少會深夜驚醒，爬起來看行事曆，確

認沒有出包才能安心睡覺，所以如果你不想常常深夜爬起來，還是乖一點吧。

有些事不能開玩笑，不能隨性，不能藝高人膽大。

所以，如果你也是開學前才寫作業，也請記得：律師不能靠小聰明、靠小運氣行走江湖。

律師的莫非定律

　　「麵包落地的時候，永遠是抹牛油的一面著地」，莫非定律喜歡找律師麻煩，尤其小律師的麻煩……。

・準時到的庭（會議）就會拖，遲到的庭（會議）就會準時開。

・仔細校稿不會看到錯字，稍微偷懶一下，沒校稿的文件（或段落）就會出錯。

・越擔心的案子越容易出包。已出包的案子還會繼續出包。

・越討厭的當事人越容易找到你。

・越想躲的法官（檢察官）越容易遇到。

・沒看完的卷、沒研究好的地方，越容易被老闆（或法官）抓到。

・遇到好的法官（檢察官），未必就有好結果。遇到不好的法官（檢察官），結果往往會更糟。

・舊檔案（舊卷宗）久久都派不上用場，但一刪掉（或移入倉庫），往往就會需要它。

・找實務見解時，找到的偏偏都是不利的判決。

・有把握的案子很難贏，沒把握的案子反而會贏。

・等庭總是遙遙無期，但只要溜走一下，馬上就點呼你開庭。

・庭期（會議）通常會擠在同一天。越難請假的庭期越常衝庭。

・當你好不容易安排好假期，就會收到開庭通知。尤其連假時。

・難得早退時，就會在電梯口遇到老闆。翹班時，就會接到老闆或當事人的電話。

・法官（檢察官）看不到你想講的，偏偏看到你不想講的。

· 計畫永遠趕不上變化，當你想找時間好好做事時，一定會有事情妨礙你。

· 忙不過來、喘不過氣時，新案件、新工作就會一直來。好不容易忙完了，案子、客戶又消失了。

· 客戶的資料及指示，通常下午五點才會到，而且往往是星期五下午。

· 相同的案例事實，當辯護人就會被起訴，當告訴代理人就會被不起訴。

· 假日要加班時，天氣就會特別好。颱風假就是不會放在你不想開庭的那一天。

· 事情越急，印表機越容易卡紙，電腦越會當機，網路越會斷線。

　　本文貼出後，有人問我：「在法院常遇到前男（女）友」算嗎？

吃不好、睡不好的小律師

對律師而言，能好好吃、好好睡，是幸福的事，律師通常吃不好、睡不好，小律師自然也別想吃好、睡好。關於吃飯、睡覺這事，還是有些門道與叮嚀。

① 關於吃飯：

· 大部分人以為律師餐餐大魚大肉，別浪費時間辯解了。

· 為了健康，要習慣一個人吃飯。為了生活，要習慣與老闆、客戶吃飯（偶爾躲一、兩次就好）。

· 搞清楚法院附近的餐廳，平價餐廳是餵飽肚子，而當你被老闆、客戶、法官……傷害時，需要好一點的餐廳撫慰你幼小的心靈。

· 慰勞自己別過頭，你當律師前兩年體重增加的速度，就是你以後體重增加的速度。

· 加班飯，就是快吃快回。吃飯三小時，加班一小時，你當然要每天加班。

· 在餐廳打卡時，別忘了還在加班的人的感受（尤其是正在改你書狀的老闆）。

· 不要想忙完再吃飯，當你忙完時，通常餐廳都已經打烊了。

· 老闆、客戶請吃飯，通常都是高檔餐廳，你會發現，東西好不好吃，完全取決於你和誰吃飯。相同的道理，調查局的便當還不錯，但你不會有心情吃。

· 和客戶吃飯喝酒比較不會醉。和同事、好友吃飯，或許因為心情苦

悶，或許因為沒有防備，反而比較容易喝多、喝醉。

· 再如何忙，別忘了找好友吃飯。找個名目，每年固定時間與好友聚
　聚。

② 關於睡覺：

· 當律師要一上飛機、高鐵、計程車就可以睡著，還要練到目的地快
　到時就會自然醒來。

· 律師中午常要開庭、開會，最好不要養成睡午覺的習慣，因為不能
　午睡時，無法集中精神，且會很痛苦。

· 等庭時不要睡覺，畢竟法院人來人往，萬一睡翻、打呼、流口水
　……。

· 晚上睡到一半驚醒是常有的事，不想整夜失眠，請把上訴等重要期
　限記在行事曆中。

· 不管當律師多久，失眠很正常，不想起床很正常，偶爾賴床很健康。

· 早點睡吧！不要以為沒人發現你在開庭或開會時打瞌睡。

· 想睡好，只能靠今日事、今日畢。也因為通常做不到，也就別想睡
　得好。

· 你會比一般人更早進入在沙發就睡著，在床上就睡不著的階段。

· 你現在痛恨通宵熬夜，但將來會懷念可以通宵熬夜的年輕歲月。

· 宣判前睡不好，很正常。往好處想，表示你在乎。

小律師的膽識

小律師最需要肝？新鮮的肝？

不是，是腦？

不是，腦袋雖然很重要，但小律師最需要「膽」。

① 考上律師後馬上需要膽量！

有膽，才敢丟履歷表；有膽，才敢去面試。總要試過才會知道，原來名次、學歷其實沒那麼重要。

有時腦袋太好，想太多，反而沒膽了，反而錯失機會。

沒錄取又如何，難道日後遇到沒錄取你的事務所的律師，開庭都直接認輸？

② 研究法律問題時也要有膽量！

有膽，才敢想，敢想，才能提出新的想法。

只照老闆吩咐，老闆就會把你當作打字工，沒膽動腦，久了，就懶得動腦，不知如何動腦，真的就成為打字工了。

③ 休假也需要有膽量！

工作永遠做不完，老闆、客戶確實可能在休假時狂 Call 你，大不了休假時做事。

休假時做事雖然很嘔，但至少是在休假，至少還有零碎時間，至少可以賭賭沒人找你（然後發現其實沒人注意到你不在辦公室，其實你沒那麼

重要)。

連休假都不敢,小律師的生活就會越來越悲慘,惡性循環,影響工作品質,更影響生活品質。

④ 你更應該放膽去玩!

不要老是去日本,趁年輕,體力可以長途飛行,可以自助旅行,多去世界看看,歐美以外,更要去看看伊斯蘭教文明,去中南美洲走走,看看不同文化,讓自己多點想法,多點角度。

⑤ 也要有投資自己的膽量!

不少案件,不少機會,不少學習,是無法評估或計較經濟上效益的。

相信自己專業及努力,放膽投資自己,才能持續精進專業,也才能接受市場考驗。

「膽識」一詞是指勇氣和見識,「膽」和「腦」很有關係,我們也一再被提醒不能「有勇無謀」,不能衝動行事。

⑥ 但我們更要小心,沒「膽」也就沒機會「識」!

想太多,就會怕太多,怕太多,就會做太少,也就會看太少。

小律師最常想太多的,是近年來律師錄取人數的問題。

律師執業生涯假設是三十年,一年增加一千人,三十年就是三萬人,就算一年只增加五百人,三十年也是一點五萬人,看起來很驚人,但不是只有你,不是只有小律師,「所有」律師都要習慣及面對。

小律師剛考完考試,法條還沒忘,從小接觸網路、資訊,比我們這些老律師還有時間、體力去精進專業,面對挑戰,坦白說,如果需要擔心,

是我們這些執業二十幾年，習慣律師人數不多的老律師。

剛當律師，真的不用自己嚇成這樣子，否則以後怎麼上法庭、上談判桌？

⑦ 小律師的你，也請繼續放膽夢想！

我這幾年在學校教書，發現不少同學不敢「心中」有個夢想：「應屆考上律師」。

只是心中有個夢想，不用跟別人說，只要去努力，都不敢，是一件值得憂心的事。

而對小律師而言，你已經通過律師考試，完全用「自己」的努力，實現一個夢想了（甚至已有退路了）。

在當律師的前幾年，為何不繼續放膽築夢，去拿個博士，去世界舞臺競爭，或去改變社會？

每個律師這輩子只有當一次小律師，擔心也是一次，放膽也是一次。

瞻前顧後、惶恐不安，浪費了你最可以勇敢、最可以築夢的機會，很可惜。

當小律師的這幾年，如果只證明你的肝不錯，很可惜。

小律師的錢途與專業

非訟、訴訟？刑事、行政？證交法如何？智財還熱門嗎？要出國嗎？美國？日本？考個大陸律師有幫助嗎？

不少小律師會問我這些問題，不知該如何回答，只能談談我的觀察……。

小時候，寒暑假都會回南投老家，每天要到茶園「幫忙」（其實不搗亂就算幫忙了）。

老家離茶園雖然不到兩公里，但臺灣由於小農經濟，農家土地不多，沿途會經過許多田園。而每天來回一趟，沿路種了哪些作物，大概也都記得。

幾年下來，就覺得奇怪，明明去年這裡是種鳳梨，那裡是樹薯，為何今年全部種起薑來了？

又一年的暑假，去年種薑的，怎麼全都不見了？一堆休耕？

再一年的暑假，怎麼突然這麼多檳榔樹？

大人回答總是：「去年誰誰誰種了○○○賺大錢，所以今年大家都來種啊！」

長大後，看到農產品價格的新聞，就會想起這段回憶。

相同情況，總是一再重演，看什麼價格好，就一窩蜂搶種，沒多久價格就慘跌滯銷。

但搶種的，何止農民？

幾十年來，不少人看著「錢」途選科系，更有不少父母替孩子決定未來，選自然組、選醫學系、選師範……。

當年誰想得到手機、筆電、DRAM、LCD……產業上上下下、公司來來去去，而不過十多年前，手機還是 Nokia 及 Motorola 的天下。

長久以來被公認為金飯碗、鐵飯碗的醫生、老師，現在呢？醫療產業和健保制度都奄奄一息，流浪教師找不到工作。

法律系志願的起落，也值得觀察。二十幾年前，法律系不是第一志願，讀社會組的男生少的可憐，在不少人、不少父母又想著法律系出路不錯，考上律師，就可飛黃騰達、日進斗金後，法律系成為第一志願，社會組人數暴增。

現在呢？有誰想到法律系現在每年畢業數千人，律師每年錄取近千人，要找實習都很難？法律系能維持第一志願多久？

不少時候，父母或自己就像搶種的農民。

看著現在的「榮景」，卻漏了未來的變數。

得意自己的「遠見」，卻忘了別人也看得到。

還要用這樣的思維來選擇專業領域？看著「錢」途來決定你的未來嗎？

我的觀察當然不一定正確，但看看許多專業的前輩，你會發現：努力及堅持，比「聰明」重要。

專業，是「做」出來的，不是「選」出來的，不是「想」出來的。

小律師敗家指南：辦公用品篇

小律師雖然沒賺到什麼錢，但除了名牌鋼筆、名牌公事包……外，該敗的，還是應該敗。

❶ 護眼檯燈

不要跟你的眼睛過不去，除了肝以外，律師最快老化的器官就是眼睛（律師只有嘴巴永遠年輕），事務所提供的檯燈如果不夠好，不要省這個錢，買個像樣的檯燈。

尤其當晚上加班，全辦公室只剩下一盞昏黃燈光陪著你，悲苦指數馬上破表。

❷ 人體工學鍵盤

律師其實和打字員沒多大差別，不是「打手」，也是「鍵民」，鍵盤是你最常摸到的東西，人體工學鍵盤可以減少職業傷害。

要時常清潔（有些人的鍵盤，從上班第一天就沒清過），無法清潔就要換，不要省。

如果你講究手感，或喜歡敲擊鍵盤的聲音，就買個機械式鍵盤，比較貴，但值得，生氣時還可用力打字紓壓。

❸ 護腕滑鼠墊

你用滑鼠的時間，其實超過你想像，每次找個資料，手就抓著滑鼠不放，長久下來對手腕很傷。人體工學滑鼠，可以減輕手腕負擔，加上護腕

（滑鼠）墊會更好。

當然，還是要常清潔，有些人的滑鼠，比地上真正的老鼠還髒很多。

④ 大尺寸電腦螢幕

不是用來看 YouTube，不是為了增加上網爽度，寫書狀時，通常一邊用 Word 打字，同時要看 PDF 或上網找資料，如果螢幕夠大，可同時並列顯示兩個視窗，會提升不少工作效率。

有些螢幕有 USB 接頭，用隨身碟時就不用鑽到桌子底下，為了小律師的小小形象，仍然值得考慮。

想要更敗家嗎？買個雙螢幕吧？

⑤ 附輪公事包

當律師越久，卷宗只會越來越厚，越來越重，不論開庭、開會、回家作業、出差，用拉的比較輕鬆，苦命就罷了，不要勞碌命。

選購時不要只重視美觀，空間大、重量輕、拉桿順暢、輪子好拉才重要。

雖然有品牌的較貴，但我的經驗，還是一分錢一分貨。

⑥ 大容量隨身碟

雖然 Dropbox 很方便，但沒有網路就沒輒了，還是有不少機會要用到隨身碟的。

現在檔案越來越大，隨身碟容量最好 64G 以上。不過體積要小，最好能掛在鑰匙圈，你永遠無法預測何時會用到隨身碟。

⑦ 人體工學椅

　　不要自欺欺人了，你在辦公室的時間，遠遠遠遠超過你在家中書桌的時間。反而家中椅子不用買太好，買好看的當裝飾品就好。

　　離職怎麼辦？搬個椅子會多麻煩，你寧願老是腰酸背痛？

⑧ 大容量行動電源

　　現在已經不少人隨身帶著手機旅充和行動電源，行動電源好壞差很多，買個有品牌的還是比較安穩。

⑨ 雷射筆

　　除了簡報，現在和當事人開會時，越來越常用到投影機，自己帶著雷射筆，還是比較方便。

　　要炫一點，買綠光雷射，亮度比紅光亮，氣勢多少有點不一樣。

　　當然直接買簡報筆也不錯，簡報時看起來比較專業，但因要隨身攜帶，還是買輕一點的。

⑩ 名片夾

　　在開會時，將收到的名片排好、收好，是禮貌。

　　在開會時，從名片夾取出名片，也是禮貌。

　　從口袋中掏出一疊名片，取出皺皺的名片，是不尊重對方，還是不尊重自己？

　　當然，不用買名牌，簡簡單單的名片夾就好。

⑪ 大杯子

工作一忙就會忘記喝水，買大一點，督促自己一定時間喝完。當然，保溫杯更好。買高級一點，讓自己心情好一點點更好。

⑫ 環保筷

你會比你想像中更常吃便當，隨身帶著環保筷，既環保又安心。

⑬ 音樂設備

如果有自己房間，那就不要虧待自己，不用買到劇院等級，晚上加班時，有個像樣的小音響或藍芽喇叭，就算不能增加工作效率，也可稍微安撫情緒。

如果沒有自己房間，更要買個高級一點的全罩耳機，老闆在罵別人的時候，趕快戴上。

對了，買些玩具，安慰一下自己也是很重要、很重要、很重要的。

這一篇是辦公室篇，下次寫個旅遊篇好了。

還有服裝篇嗎？我不知如何寫，也不敢寫。

小律師敗家指南：自由行篇

你大學畢業時，幾個死黨有沒有約定，將來考上後，大家一定要一起出國玩？

多年以後，是不是也還在說，如果能一起到日本泡湯，香港血拼，峇里島發呆，或是紐約看音樂劇……一定超好玩？

說歸說，是不是到現在還沒成行？連去其他縣市開庭，也是來去匆匆，只知道如何從高鐵站到法院？

因為這樣，對於考上律師、法官、檢察官的學弟妹們，我總是建議（勸敗）：在實習（或受訓）前，或是執業（或分發）前，一定要去國外自助旅行。

為何自助旅行？

自助旅行時，所有事情都要靠自己，試試自己的規劃能力，勉強自己去處理突發狀況，也要勉強自己去說破英文。

當律師的人，本來就是要有規劃能力、應變能力。

更要去看看世界，更要看看人。

律師、法官、檢察官的工作，是要面對人，但最怕人看多了，輕易將人類型化，「人」的形象越來越模糊，不再思考、觀察人的差異，不再尊重，也不再有同理心。

到國外自助旅行，由文化、環境的差異，跳脫習慣性的思考，看得更清楚人的差異性。

以下才是真正本文。

小律師想出去玩，有幾個原則：

1 想到就去

現在自由行很簡單，網路上一堆食記，加上 Google Map，飛機落地再研究行程都來得及。

工作以後，時間就不是自己的，什麼事都可能發生（老闆、法官好像知道你要出國玩），別說兩對夫妻（男女朋友）出國，就算夫妻兩個人都很難喬時間。

想要玩，發現幾天後有個空檔，別想太多，別嫌班機時間不好，能出去就應該偷笑了。我好幾次旅行，都是幾天前決定，機加酒自由行就出發了。

如果想要找一群人，其實不用同一班機，有人晚點到，有人早點走，更不需要住同一飯店，有段時間可以一起吃喝玩樂就很有意思了。

2 不要想組團

這麼多年看下來，自助旅行是法律人比較可能成行的旅遊方式。

一群朋友，執業後各奔東西，有人結婚生子，有人妻離子散（兩地工作、父母照顧小孩），每個人條件不同、想法不同，要排到每個人都可以的時間，要找到大家都滿意的行程（及價格），簡直是不可能的任務。

別想太多，四、五個死黨，或兩、三對夫妻（男女朋友），找個大家都同意（或不反對）的地點，就可以自由行了。

3 不用集體行動

前兩年找了群小朋友，組了個香港「分母團」（當分母分擔飯錢），自己選擇班機、飯店，約好第一天晚上幾點吃避風塘炒蟹，第二天晚上幾點在鏞記見面一起吃燒鵝（出國前先預定），其他時間完全自由活動。

於是有人去逛海港城，有人則去 FTC，也有人帶小孩去迪士尼，當然

也有人偷偷逛中環名品店（藏好戰利品就好）。一群人，熱熱鬧鬧吃中餐及晚餐，不用煩惱吃什麼，人多好點菜，又可交換心得。

趁年輕，出去玩，本來就不用集體行動，看自己想看的，敗自己想敗的，玩自己想玩的，不用遷就誰，不用顧慮誰，成行機會不僅比較高，這樣的自由行當然會更好玩。

東京、紐約、北京等大都市，只要治安還不錯，都可以這樣玩。基本英文能力，加上 Google Map，Facebook、LINE 聯絡好，幾個人就可以成行。

國內旅遊也行，幾個人找一下，就是臺南美食之旅。

4 把握長假

在游泳池畔，在米其林餐廳時，卻接到老闆、客戶的電話或 E-mail，問你哪個文件在哪個卷，催你書狀，一定很無趣。

面對現實吧，當了律師以後，不想被老闆及客戶騷擾，出國玩只能挑春節、連假，偏偏機票、飯店特別貴，能如何呢？想想可以減少被騷擾的機會，還是值得的。

這也是為何我一再勸考上的人，在實習（或受訓）前，或是執業（或分發）前，只要找到空檔，一定要好好玩一次的原因。

最後，還是要再勸敗一下。

出去玩，就是要讓你以為律師生活其實也沒那麼慘（即使是自欺欺人也好）。

看到想買的、想吃的……，**只要負擔得起**，別想太多，否則你回國後，會一直、一直、一直、一直……懊悔當時為何沒敗下去。

回來再努力賺錢吧！！

小律師實習期間的To Do List

本來想寫在律訓所一個月的 To Do List，喋喋不休，越寫越多，看來實習期間能做完就不錯了。

☐ 好好刻個私章、律師章，練練簽名，珍惜自己的名字。

☐ 拍幾張像樣的證件照（多換幾套衣服，以後二十年都要靠這幾張）。

☐ 參加律訓所的課後聚餐、玩樂，把律訓同學當作一起成長的夥伴，不是競爭者（律訓最重要的事）。

☐ 學好 Word，找本 Word 教科書，不用太厚，圖越多越好，按部就班練習一次。

☐ 學會做簡報（及螢幕截圖功能）。

☐ 學會 PDF（書籤及超連結功能），科技法庭時代要來了。

☐ 整理好聯絡資料，找出家人或你重視的人的生日。

☐ 學會雲端同步聯絡人及行事曆，不要丟手機、換手機，就和一堆老朋友失聯。

☐ 學會用雲端硬碟，養成檔案不落地習慣，開始建立自己的例稿庫、範本庫。

☐ 買個大容量的 USB 隨身碟，最好能掛在鑰匙圈，方便隨身攜帶。至於其他要敗的，麻煩參閱〈小律師敗家指南：辦公用品篇〉。

☐ 搞定網路銀行，你以後沒時間跑銀行，也不要浪費時間跑銀行。

☐ 別想太多，來一次國外的自助旅行，時間不多，就去港、澳、日本。

☐ 主動安排家庭聚餐，能規劃家庭旅行更好。

☐ 主動邀老朋友、老同學聚餐，不要只想等人邀請。

□ 想辦法和老闆單獨吃一次飯，好好聊聊。

□ 不論金額大小，捐款給認為值得幫忙的公益團體，養成幫助人的習慣。

□ 瞭解個人綜合所得稅，如果打算自己執業，開始蒐集關於事務所經營的相關資料。

□ 開個支票帳戶，開張支票。

□ 開個證券帳戶，買、賣一張股票（能參加一次股東會更好）。

□ 研究醫療險，選擇一張最適合自己的保單（我個人不買儲蓄險、定期定額基金）。

□ 上律師公會網站，瞭解律師公會的組織、活動、福利及進修課程，以後也請仔細看完律師公會的通知，好好填寫公會的問卷。

□ 量體重（當然不用一天三次），提醒自己控制飲食，而且將來你會懷念律訓時的體重。

□ 隨時提醒自己要運動，想辦法逼自己運動。

□ 不論工作如何忙，不要犧牲自己的興趣與嗜好（去買套海賊王漫畫吧）。

□ 學會開車，但不要急著買車，實習期間的薪水，是血汗錢，不要花在買車、養車上。

□ 多多跟庭，看看其他律師如何開庭（也觀察其他律師等庭時在做什麼）。

□ 不要放棄英文，想個可以持續學習英文的方式。

□ 學會使用辦公室影印、掃描、傳真、投影機⋯⋯所有事務機器。

□ 學會貼標籤、裝訂、用印、整卷、聯繫書記官，所有你認為秘書及助理應該做的事。

□ 跟著助理去送狀（及夜間送狀）、郵寄文件、閱卷、繳納及取回保證金。

□ 學會社交基本禮儀（用餐、坐車時的座位安排）。

□ 觀察老闆如何收律師費（如何開價、如何收款、如何折扣）。

- ☐ 逛一次司法院、公會、法院、檢察署、有興趣的 NGO 的官方網站，瞭解各單位有提供哪些資訊、資源。

- ☐ 找個社會矚目案件（最好是網路罵翻的案件）的判決，好好讀完。

- ☐ 看到有興趣的進修課程，就去參加（太久沒上課時，就算是沒興趣的進修課程，有空就去參加）。

- ☐ 除了有「錢」途的領域以外，找一個只是單純有興趣的領域，開始研究。

- ☐ 看一次律師法、律師倫理規範及律師推展業務規範。

- ☐ 訂下願意義務訴訟（或義務辯護）的條件，留意平民法律服務的機會。

- ☐ 看完《夢想、責任與祝福：給新進律師的 50 封信》。

- ☐ 買幾本有興趣的書，好好看完，提醒自己不要依賴網路。

- ☐ 請老闆推薦幾位他尊重的律師前輩，瞭解他們。

- ☐ 想像自己日後要成為什麼樣的律師。

- ☐ 瞭解各種投資理財管道，但不要急著投資。

- ☐ 想想實習期間的薪水，要如何犒賞自己，及感謝曾經幫過你的人。

- ☐ 想想未來三年的薪水，要如何投資自己。

- ☐ 留下第一件有你名字的書狀、勝訴判決書、敗訴判決書。

- ☐ 留下幾件老闆幫你改的草稿，越慘烈越好。

- ☐ 寫下三件你以後當老闆後不會對小律師做的事，當然，十件、百件也行。

- ☐ 給自己一個夢想。

薪水之外 一念之間

　　念書的時候，很少老師告訴我們考上後的生活，或許是因為沒多少老師當過法官、檢察官或律師；也或許老師們是不忍心告訴我們，以後的生活，充滿衝突與對立，處理的事情，很難輕鬆，別想自在。

　　在一念之間，以後的生活將是絕對的負面──法官、檢察官每天上班都被人騙，事實只有一個，不是原告騙你，就是被告騙你，通常兩邊都騙你，法官也不要以為檢察官就不會騙你，這樣的生活，如果從二十幾歲就開始，確實很難相信人，確實要花不少力氣才能正常生活吧？

　　律師生活也是非常負面，騙律師還算小事，在法庭還會被法官 K，年紀越大時，被法官 K 只會越來越難過，因為 K 你的法官越來越年輕。

　　當非訟律師有比較好嗎？不會，K 的人從法官變成客戶而已，力道不會比較輕，法官還比較少在深夜或假日 K 人。

　　除了實現正義、保障人權這些崇高的理想外，這樣的生活，這樣的不快樂，就是為了比一般人還高的薪水嗎？

　　法官、檢察官薪水雖然已比一般人高很多，但不免跟律師的薪水比較（只是他們沒想到終身保障），況且律師收入再如何高，很大部分是精神慰撫金，其他的不過是先領的醫藥費及退休金，出來混，遲早要還的，都是有代價的。

　　薪水之外還有什麼呢？在一念之間。

　　在一念之間，只要你願意，身為法官、檢察官或律師的你，可輕鬆取得免費的知識。上午是會計，下午是工程，昨天是醫療，今天是證券，雖然很專業，但只要你願意，當事人（及律師）爭先恐後好好教你，太難？

沒關係，再從更基本的說起，忘了？沒關係，再說一次（還不敢露出任何不悅表情），你這一輩子遇過幾位這樣的老師過？甚至只要你願意，在法庭之外，你能去無塵室、貨輪、手術房、隧道甚至核電廠……，你能看到的事物比總統還多！免費的知識，而且還有高薪拿。

只要你願意，你會遇到單親媽媽、企業家、農民、工程師、官僚，你會遇到勤奮、憨厚、霸氣、貪婪的人，也有人無助、有人自棄，看到人如何面對重大抉擇、風險或挫敗，各種人生，各種性格，各種想法，都在你面前，你可以觀察、體會無數的人生。雖然過程中會有不忍，有時更像窺視，但有多少人能有此機會？

當了法官、檢察官或律師的你，如果不開眼、不動腦更不用心，毫無同理心，再如何高薪，不但浪費別人的人生，還浪費了自己的人生，豈不冤枉？

而只要你願意，在被騙的同時，在被 K 的同時，雖然不會太快樂，但在薪水之外，你會漸漸累積知識，慢慢開闊眼界，更重要的是你不會忘了同理心。

或許，或許，或許，你將來可能會成為一個有智慧的人。

你想得的，你獲得的，就在薪水之外，一念之間。

附 錄

1.法律統一用字表

中華民國 62 年 3 月 13 日立法院（第 1 屆）第 51 會期第 5 次會議及第 78 會期第 17 次會議認可
中華民國 104 年 12 月 16 日立法院第 8 屆第 8 會期第 14 次會議通過

用　字　舉　例	統一用字	曾見用字	說　　明
公布、分布、頒布	布	佈	
徵兵、徵稅、稽徵	徵	征	
部分、身分	分	份	
帳、帳目、帳戶	帳	賬	
韭菜	韭	韮	
礦、礦物、礦藏	礦	鑛	
釐訂、釐定	釐	厘	
使館、領館、圖書館	館	舘	
穀、穀物	穀	谷	
行蹤、失蹤	蹤	踪	
妨礙、障礙、阻礙	礙	碍	
賸餘	賸	剩	
占、占有、獨占	占	佔	
牴觸	牴	抵	
雇員、雇主、雇工	雇	僱	名詞用「雇」
僱、僱用、聘僱	僱	雇	動詞用「僱」
贓物	贓	臟	
黏貼	黏	粘	
計畫	畫	劃	名詞用「畫」

用　字　舉　例	統一用字	曾見用字	說　　明
策劃、規劃、擘劃	劃	畫	動詞用「劃」
蒐集	蒐	搜	
菸葉、菸酒	菸	煙	
儘先、儘量	儘	盡	
麻類、亞麻	麻	蔴	
電表、水表	表	錶	
擦刮	刮	括	
拆除	拆	撤	
磷、硫化磷	磷	燐	
貫徹	徹	澈	
澈底	澈	徹	
祇	祇	只	副詞
並	並	并	連接詞
聲請	聲	申	對法院用「聲請」
申請	申	聲	對行政機關用「申請」
關於、對於	於	于	
給與	與	予	給與實物
給予、授予	予	與	給予名位、榮譽等抽象事物
紀錄	紀	記	名詞用「紀錄」
記錄	記	紀	動詞用「記錄」
事蹟、史蹟、遺蹟	蹟	跡	
蹤跡	跡	蹟	
糧食	糧	粮	
覆核	覆	複	

用　字　舉　例	統一用字	曾見用字	說　　明
復查	復	複	
複驗	複	復	
取消	消	銷	

資料來源：行政院全球資訊網

2.法律統一用語表

中華民國62年3月13日立法院（第1屆）第51會期第5次會議認可，中華民國76年8月1日訂正發布全文

統　一　用　語	說　　　　明
「設」機關	如：「教育部組織法」第五條：「教育部設文化局，……」。
「置」人員	如：「司法院組織法」第九條：「司法院置秘書長一人，特任。……」。
「第九十八條」	不寫為：「第九八條」。
「第一百條」	不寫為：「第一〇〇條」。
「第一百十八條」	不寫為：「第一百『一』十八條」。
「自公布日施行」	不寫為：「自公『佈』『之』日施行」。
「處」五年以下有期徒刑	自由刑之處分，用「處」，不用「科」。
「科」五千元以下罰金	罰金用「科」不用「處」，且不寫為：「科五千元以下『之』罰金」。
「處」五千元以下罰鍰	罰鍰用「處」不用「科」，且不寫為：「處五千元以下『之』罰鍰」。
準用「第〇條」之規定	法律條文中，引用本法其他條文時，不寫「『本法』第〇條」而逕書「第〇條」。如：「違反第二十條規定者，科五千元以下罰金」。
「第二項」之未遂犯罰之	法律條文中，引用本條其他各項規定時，不寫「『本條』第〇項」，而逕書「第〇項」。如刑法第三十七條第四項「依第一項宣告褫奪公權者，自裁判確定時發生效力」。
「制定」與「訂定」	法律之「創制」，用「制定」；行政命令之制作，用「訂定」。
「製定」、「製作」	書、表、證照、冊據等，公文書之製成用「製定」或「製作」，即用「製」不用「制」。
「一、二、三、四、五、六、七、八、九、十、百、千」	法律條文中之序數不用大寫，即不寫為「壹、貳、叄、肆、伍、陸、柒、捌、玖、拾、佰、仟」。
「零、萬」	法律條文中之數字「零、萬」不寫為：「0、万」。

資料來源：行政院全球資訊網

3.公文書橫式書寫數字使用原則

一、為使各機關公文書橫式書寫之數字使用有一致之規範可循，特訂定本原則。

二、數字用語具一般數字意義（如代碼、國民身分證統一編號、編號、發文字號、日期、時間、序數、電話、傳真、郵遞區號、門牌號碼等）、統計意義（如計量單位、統計數據等）者，或以阿拉伯數字表示較清楚者，使用阿拉伯數字。

三、數字用語屬描述性用語、專有名詞（如地名、書名、人名、店名、頭銜等）、慣用語者，或以中文數字表示較妥適者，使用中文數字。

四、數字用語屬法規條項款目、編章節款目之統計數據者，以及引敘或摘述法規條文內容時，使用阿拉伯數字；但屬法規制訂、修正及廢止案之法制作業者，應依「中央法規標準法」、「法律統一用語表」等相關規定辦理。

數字用法舉例一覽表

阿拉伯數字／中文數字	用語類別	用法舉例
阿拉伯數字	代號（碼）、國民身分證統一編號、編號、發文字號	ISBN 988-133-005-1、M234567890、附表（件）1、院臺秘字第 0930086517 號、臺 79 內字第 095512 號
	序數	第 4 屆第 6 會期、第 1 階段、第 1 優先、第 2 次、第 3 名、第 4 季、第 5 會議室、第 6 次會議紀錄、第 7 組
	日期、時間	民國 93 年 7 月 8 日、93 年度、21 世紀、公元 2000 年、7 時 50 分、挑戰 2008：國家發展重點計畫、520 就職典禮、72 水災、921 大地震、911 恐怖事件、228 事件、38 婦女節、延後 3 週辦理

阿拉伯數字／中文數字	用語類別	用法舉例
	電話、傳真	(02)3356-6500
	郵遞區號、門牌號碼	100 臺北市中正區忠孝東路 1 段 2 號 3 樓 304 室
	計量單位	150 公分、35 公斤、30 度、2 萬元、5 角、35 立方公尺、7.36 公頃、土地 1.5 筆
	統計數據（如百分比、金額、人數、比數等）	80%、3.59%、6 億 3,944 萬 2,789 元、639,442,789 人、1:3
中文數字	描述性用語	一律、一致性、再一次、一再強調、一流大學、前一年、一分子、三大面向、四大施政主軸、一次補助、一個多元族群的社會、每一位同仁、一支部隊、一套規範、不二法門、三生有幸、新十大建設、國土三法、組織四法、零歲教育、核四廠、第一線上、第二專長、第三部門、公正第三人、第一夫人、三級制政府、國小三年級
	專有名詞（如地名、書名、人名、店名、頭銜等）	九九峰、三國演義、李四、五南書局、恩史瓦第三世
	慣用語（如星期、比例、概數、約數）	星期一、週一、正月初五、十分之一、三讀、三軍部隊、約三、四天、二三百架次、幾十萬分之一、七千餘人、二百多人
阿拉伯數字	法規條項款目、編章節款目之統計數據	事務管理規則共分 15 編、415 條條文
	法規內容之引敘或摘述	依兒童福利法第 44 條規定：「違反第 2 條第 2 項規定者，處新臺幣 1 千元以上 3 萬元以下罰鍰。」
		兒童出生後 10 日內，接生人如未將出生之相關資料通報戶政及衛生主管機關備查，依兒童福利法第 44 條規定，可處 1 千元以上、3 萬元以下罰鍰

阿拉伯數字／中文數字	用語類別	用法舉例
中文數字	法規制訂、修正及廢止案之法制作業公文書（如令、函、法規草案總說明、條文對照表等）	1.行政院令：修正「事務管理規則」第一百十一條條文 2.行政院函：修正「事務管理手冊」財產管理第五十點、第五十一點、第五十二點，並自中華民國九十三年二月十六日生效…… 3.「○○法」草案總說明：……爰擬具「○○法」草案，計五十一條 4.關稅法施行細則部分條文修正草案條文對照表之「說明」欄——修正條文第十六條之說明：一、關稅法第十二條第一項計算關稅完稅價格附加比例已減低為百分之五，本條第一項爰予配合修正

註：本原則自即日起至 93 年 12 月 31 日止，以「公文書橫式書寫推動方案」第 1 階段優先推動之無須修法立即採行措施（如各類申請書表、圖表、機關內部表單及相關文件等）為適用範圍。至所有公文書（如令、函等），配合「公文程式條例」第 7 條修正條文之施行日期，自 94 年 1 月 1 日起全面適用。

4.司法狀紙要點

中華民國 70 年 6 月 29 日司法院 (70) 院台會字第 03707 號令訂定發布
中華民國 71 年 10 月 29 日司法院 (71) 院台會字第 05908 號令修正發布
中華民國 77 年 5 月 5 日司法院 (77) 院台廳一字第 03451 號函修正發布
中華民國 87 年 9 月 22 日司法院 (87) 院台廳民一字第 21360 號令修正發布全文
3 條
中華民國 93 年 12 月 27 日司法院院台廳刑一字第 0930031459 號令修正發布名
稱及全文 3 點;並自 94 年 1 月 1 日生效(原名稱:司法狀紙規則)

一、刑事、行政訴訟及少年事件,當事人向法院陳述,使用司法狀紙時,依本要點為之。

二、司法狀紙大小規格,應為 A4 尺寸(寬 21 公分、高 29.7 公分),並應以中文直式橫書方式書寫。

以手寫方式製作書狀者,應依格式一製作(附格式一)。

以電腦或其他印刷方式製作書狀者,應依格式一或格式二製作(附格式二及範例)。

三、刑事、行政訴訟及少年事件之委任狀格式,應以直式橫書方式書寫(附格式三)。

5. 民事訴訟書狀規則

中華民國 89 年 3 月 23 日司法院 (89) 院台廳民一字第 07226 號令發布
中華民國 93 年 11 月 26 日司法院院台廳民一字第 0930028988 號令發布
中華民國 105 年 11 月 30 日司法院院台廳民一字第 1050028718 號令發布第 3、
5 條條文

第一條　本規則依民事訴訟法第一百十六條第四項訂定之。

第二條　民事事件當事人向法院有所陳述，除法律另有規定或依法得用言詞外，應使用司法狀紙。

第三條　司法狀紙大小規格，應為 A4 尺寸（寬 21 公分、高 29.7 公分），並應依格式一或格式二製作（附格式一、二及範例），以中文直式橫書書寫。

第四條　當事人未使用司法狀紙或未依格式記載者，法院得拒絕其書狀之提出。

第五條　本規則自發布日施行。本規則修正條文，除中華民國九十三年九月十三日及同年十一月二十六日修正條文，自九十四年一月一日施行外，自發布日施行。

格式一（各頁得雙面列印，上下左右邊界為 2.5 公分）

2.5 公分

○○○		狀
案　　　號	年度　　　字第　　　號	承辦股別
訴 訟 標 的金額或價額	新臺幣	元
稱　　　謂	姓名或名稱	依序填寫：國民身分證統一編號或營利事業統一編號、性別、出生年月日、職業、住居所、就業處所、公務所、事務所或營業所、郵遞區號、電話、傳真、電子郵件位址、指定送達代收人及其送達處所。
		國民身分證統一編號（或營利事業統一編號）： 性別：男／女　　生日：　　　　職業： 住： 郵遞區號：　　　　電話： 傳真： 電子郵件位址： 送達代收人： 送達處所：

2.5 公分

2.5 公分

2.5 公分

公鑒

證物名稱及 件 數	

中華民國　　　　　　年　　　　　月　　　　　日
具狀人　　　　　　簽名蓋章
撰狀人　　　　　　簽名蓋章

格式二

2.5公分

狀別：（依書狀種類記載，例：○○起訴狀、答辯狀、準備書狀等）

案號及股別：（法院受件之案號及承辦股之代號，若案件尚未分案，則省略）

訴訟標的金額或價額：新臺幣　　　　　　　　元（若無此項，則省略）

當事人：（依稱謂、姓名或名稱、國民身分證號碼或營利事業統一編號、性別、出生年月日、職業、住居所、就業處所、公務所、事務所或營業所、郵遞區號、電話號碼、傳真號碼或電子郵件位址、送達代收人及其送達處所；如有法定代理人、訴訟代理人及輔佐人等，則依前揭順序，由上往下逐一分項記載）

2.5公分

2.5公分

本　文：（依○○訴訟法所規定各式書狀之內容順序，由上往下逐一分項記載；如有證據，請一併載明）

法院名稱：（全銜）

中華民國　　年　　月　　日：（國曆）

具狀人：（簽名蓋章）

撰狀人：（簽名蓋章）

2.5公分

格式三

刑事、行政訴訟及少年事件委任狀格式

刑事委任狀

案號：　　年度　　字第　　號　　股

	委　　　任　　　人	受　　　任　　　人
姓　名　或 名　　稱		
出生年月日	年　　月　　日生	
國民身分證 統　一　編　號		
出　生　地		
職　　　業		
住居所或營 業所、郵遞 區號及電話 號碼		
送達代收人 姓　名　、住 址、郵遞區 號及電話號 碼		

委任人因　鈞院　　年度　　字　　　號　　　　　案件，依　　法第　　條、　　　　　　規定，委任受任人為　人。

　　　謹狀

臺灣　　　　法院　公鑒

　　　　　　　　　　　　　　　　　委任人

　　　　　　　　　　　　　　　　　受任人

中華民國　　　　　　年　　　　　　月　　　　　日

6.標點符號用法表

符號	名稱	用　法	舉　例
。	句號	用在一個意義完整文句的後面。	公告○○商店負責人張三營業地址變更。
，	逗號	用在文句中要讀斷的地方。	本工程起點為仁愛路，終點為……
、	頓號[1]	用在連用的單字、詞語、短句的中間。	1.建、什、田、旱等地目…… 2.河川地、耕地、特種林地等…… 3.不求報償、沒有保留、不計任何代價……
；	分號	用在下列文句的中間： 1.並列的短句。 2.聯立的復句。	1.知照改為查照；遵辦改為照辦；遵照具報改為辦理見復。 2.出國人員於返國後1個月內撰寫報告，向○○部報備；否則限制申請出國。
：	冒號	用在有下列情形的文句後面： 1.下文有列舉的人、事、物、時。 2.下文是引語時。 3.標題。 4.稱呼。	1.使用電話範圍如次：(1)……(2)…… 2.接行政院函： 3.主旨： 4.○○部長：
？	問號	用在發問或懷疑文句的後面。	1.本要點何時開始正式實施為宜？ 2.此項計畫的可行性如何？
！	驚嘆號	用在表示感嘆、命令、請求、勸勉等文句的後面。	1.……又怎能達成這一為民造福的要求！ 2.來努力創造我們共同的事業、共同的榮譽！
「」 『』	引號	用在下列文句的後面（先用單引，後用雙引）： 1.引用他人的詞句。 2.特別著重的詞句。	1.總統說：「天下只有能負責的人，才能有擔當」。 2.所謂「效率觀念」已經為我們所接納。

---

[1] 於律師文書中，有時不用「及」或「與」，而是用頓號予以區隔、凸顯，以避免二單詞、詞語被忽略。例如前述「區隔、凸顯」及「單詞、詞語」，即刻意使用頓號，而不寫成「區隔與凸顯」或「二單詞及詞語」。

符號	名稱	用　法	舉　例
——	破折號	表示下文語意有轉折或下文對上文的註釋。	1.各級人員一律停止休假——即使已奉准有案的，也一律撤銷。 2.政府就好比是一部機器——一部為民服務的機器。
……	刪節號	用在文句有省略或表示文意未完的地方。	憲法第 58 條規定，應將提出立法院的法律案、預算案……提出於行政院會議。
（　）	夾註號	在文句內要補充意思或註釋時用的。	1.公文結構，採用「主旨」、「說明」、「辦法」（簽呈為「擬辦」）3 段式。 2.臺灣光復節（10 月 25 日）應舉行慶祝儀式。

日後在無數文書及判決中

會出現你的名字

請記得

第一次看到你的名字加上「律師」二字時

你的感動

國家圖書館出版品預行編目資料

關於律師文書：新進律師寫作入門／吳至格著.－－
修訂二版二刷.－－臺北市: 三民，2024
面；　公分.－－（理律法律叢書）

ISBN 978-957-14-7668-1　（平裝）
1. 司法文書 2. 書狀 3. 寫作法

589.16　　　　　　　　　　112011673

理律法律叢書

關於律師文書──新進律師寫作入門

作　　者	吳至格
創 辦 人	劉振強
發 行 人	劉仲傑
出 版 者	三民書局股份有限公司 (成立於 1953 年)

三民網路書店
https://www.sanmin.com.tw

地　　址	臺北市復興北路 386 號　（復北門市）　(02)2500–6600 臺北市重慶南路一段 61 號 (重南門市)　(02)2361–7511
出版日期	初版一刷 2012 年 7 月 修訂二版一刷 2023 年 9 月 修訂二版二刷 2024 年 6 月
書籍編號	S586110
I S B N	978-957-14-7668-1